ღმერთის ძალა

სად გაგონილა, რომ
ვინმეს თვალი
აეხილოს
ბრმადშობილისთვის?
ღმრთისაგან რომ არ იყოს,
ვერაფერსაც ვერ გახდებოდა.
(იოანე 9:32-33)

ღმერთის ძალა

დოქტორი ჯაეროკ ლი

URIM BOOKS

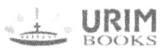

ღმერთის ძალა დოქტორი ჯაეროკ ლისაგან
გამოქვეყნებულია ურიმ ბუქსის მიერ (წარმომადგენელი: სეონგკეონ ვინი)
#235-3, Guro-dong3, Guro-gu, სეული, კორეა
www.urimbooks.com

ყველა უფლება დაცულია. ეს წიგნი ან მისი ნაწილები არ შეიძლება იქნას გამრავლებული, შენახული საძიებო სისტემაში, ან გადაცემული ნებისმიერი ფორმით, ელექტრონული, მექანიკური თუ ფოტო კოპირებით. მხოლოდ წინასწარი წერილობითი ნებართვით რედაქტორისაგან.

ყველა ციტატა ამოღებულია ბიბლიის თარგმნის ინსტიტუტის რუსეთი/CIS ქართული ბიბლიიდან (2002).
საავტორო უფლება © 2009 დოქტორი ჯაეროკ ლისაგან

ISBN: 979-11-263-1201-6 03230

თარგმნის საავტორო უფლება © 2005 დოქტორი ესთერ კ. ჩუნგისგან. გამოყენებულია ნებართვით.

მანამდე გამოქვეყნებულია კორეულად 2004 წელს ურიმ ბუქსისგან.

პირველი გამოცემა 2005 წლის სექტემბერი
მეორე გამოცემა 2009 წლის აგვისტო

რედაქტირებულია დოქტორი გეუმსუნ ვინის მიერ
ილუსტრირებულია ურიმ ბუქსის სარედაქციო ბიუროს მიერ
დაბეჭდილია იევონის ბეჭდვის კომპანიის მიერ
დამატებითი ინფორმაციისათვის დაგვიკავშირდით:
urimbook@hotmail.com

წინასიტყვაობა

ვლოცულობ, რომ შემოქმედი ღმერთის და იესო ქრისტეს სახარების ძალით, ყველა ადამიანმა განიცადოს სული წმინდის ცეცხლოვანი სასწაულები...

მე მადლობას ვუხდი მამა ღმერთს, რომელმაც გვაკურთხა გამოგვექვეყნებინა 2003 წლის მაისს ჩატარებული ორ კვირიანი განსაკუთრებული ქადაგების შეკრების აღთქმები ერთ სამუშაოდ.

1993 წლიდან, დაარსების მეათე წლისთავიდან მალევე, ღმერთმა დაიწყო მანმინის ცენტრალური ეკლესიის წევრების მზადება, რომ ჰქონოდათ რწმენა და გამხდარიყვნენ სულიერი ადამიანები ორ კვირიანი განსაკუთრებული ქადაგების შეკრების საშუალებით.

1999 წელს ჩატარებული შეკრებით, მან გააკეთა კურთხევის პროცესები, რათა მანმინის წევრებს გაეგოთ ჭეშმარიტი სახარების მნიშვნელობა, მიეღოთ რჯული სიყვარულში და დამსგავსებოდნენ უფალს,

რომელმაც მოახდინა მრავალი გასაოცარი სასწაული.

2000 წლის განთიადისას, იმისათვის, რომ მთელს მსოფლიოში ყველამ განიცადოს შემოქმედი ღმერთის ძალა, იესო ქრისტეს სახარება და სული წმინდის ცეცხლოვანი სასწაულები, ღმერთმა საშუალება მოგვცა მთელი მსოფლიოსათვის პირდაპირი ეთერით გაგვევრცელებინა ქადაგების შეკრებები მუგუნგვას სატელიტითა და ინტერნეტით. 2003 წელს, კორეის და სხვა თხუთმეტი ქვეყნის დაახლოებით 300-მა ეკლესიამ მონაწილეობა მიიღო ქადაგების შეკრებაში.

ღმერთის ძალამ ცადა პროცესის შემოტანა, რომლის მეშვეობითაც ადამიანი ხვდება ღმერთს და იღებს მის ძალას, სხვადასხვა დონის ძალებს, შექმნის ყველაზე დიდ ძალას, რომელიც ადამიანის შესაძლებლობებს აღემატება და ადგილები, სადაც მისი ძალა არის ნაჩვენები.

შემოქმედი ღმერთის ძალა იმდენად მივა ადამიანზე, რამდენადაც იგი ღმერთს დაემსგავსება, რომელიც ნათელია. გარდა ამისა, როდესაც იგი სულში ერთი ხდება ღმერთთან, მას შეუძლია ისეთი ძალის გამომჟღავნება, როგორიც იესოს ჰქონდა. ეს იმიტომ, რომ იოანე 15:7-ში ჩვენი უფალი გვეუბნება, "თუ დარჩებით ჩემში და ჩემი სიტყვები დარჩება თქვენში, ყველაფერი, რასაც ისურვებთ, ითხოვეთ და გექნებათ."

რადგან მე პირადად გამოვცადე სიხარული და ბედნიერება თავისუფლებაში შვიდწლიანი ავადმყოფობებიდან და ტანჯვიდან, იმისათვის, რომ

ძალის მსახური ვყოფილიყავი, რომელიც უფალს ემსგავსება, მე ვიმარხულე და ვილოცე რამდენიმე დღე და შემდეგ მეწოდა უფლის მსახური. იესო გვეუბნება მარკოზი 9:23-ში, "თუ შეგიძლია გწამდეს, ყველაფერი შესაძლოა მორწმუნისათვის." ასევე, მე მწამდა და ვლოცულობდი, რადგან იესოს დაპირების მჯეროდა, "ვისაც მე ვწამვარ, საქმეს, რომელსაც მე ვაკეთებ, თვითონაც გააკეთებს, და მეტსაც გააკეთებს, ვინაიდან მე მამასთან მივალ" (იოანე 14:12). შედეგად, ყოველწლიური ქადაგების შეკრებებით, ღმერთმა გვიჩვენა გასაოცარი ნიშნები და სასწაულები და მოგვცა მრავალი განკურნება და პასუხები. გარდა ამისა, 2003 წლის ქადაგების შეკრების მეორე კვირას, ღმერთმა თავისი ძალა გამოამჟღავნა იმ ადამიანებზე, რომლებიც იყვნენ უსინათლოები, ყრუ-მუნჯები, და რომლებსაც არ შეეძლოთ სიარული.

მაშინაც კი, თუ მედიცინის მეცნიერება განვითარდება და განაგრძობს წინსვლას, წარმოუდგენელია იმ ადამიანების განკურნება, რომლებსაც მხედველობა ან სმენა აქვთ დაკარგული. თუმცა, ყოვლისშემძლე ღმერთმა გამოამჟღავნა თავისი ძალა, როდესაც მხოლოდ მქადაგებლის კათედრიდან ვლოცულობდი, შექმნის ძალას შეეძლო მკვდარი ნერვების და უჯრედების განახლება და ხალხმა დაიბრუნა მხედველობა და სმენა. გარდა ამისა, მოხრილი ხერხემალი ხალხს გაუსწორდა და გაშეშებული ძვლები გათავისუფლდა, და ხალხმა

გადაყარა თავიანთი ყავარჯნები, ხელის ჯოხები, ინვალიდის სავარძლები და დაიწყო სიარული.

ღმერთის სასწაულებრივი სამუშაო ასევე დროისა და სივრცის საზღვარსაც სცდება. ადამიანებმა, რომლებიც ქადაგების შეკრებებს ინტერნეტით ან მედია საშუალებით დაესწრნენ, ასევე გამოცადეს ღმერთის ძალა.

ზუსტად ამიტომ, აღთქმები 2003 წლის ქადაგების შეკრებიდან - როდესაც უთვალავი ადამიანი ხელახლა დაიბადა ჭეშმარიტების სიტყვით, მიიღეს ახალი სიცოცხლე, ხსნა, პასუხები და განკურნება, გამოცადეს ღმერთის ძალა და ადიდეს იგი - გამოქვეყნდა ერთ ნამუშევრად.

მე განსაკუთრებულ მადლობას ვუხდი გეუმსუნ ვინს, სარედაქციო ბიუროს დირექტორს და მის პერსონალს, და თარჯიმანთა ბიუროს.

დაე თითოეულმა თქვენთაგანმა განიცადოს შემოქმედი ღმერთის ძალა, იესო ქრისტეს სახარება და სული წმინდის ცეცხლოვანი სასწაულები და იხაროთ და იბედნიეროთ საკუთარ ცხოვრებაში - ვლოცულობ მე ჩვენი უფლის სახელით!

ჯაეროკ ლი

შესავალი

წიგნი რომელიც უნდა წაიკითხო, რომელიც ემსახურება როგორც განუყრელი წინამძღოლი, რითითაც შეიგიძლია ჭეშმარიტი რწმენის ფლობა და უფლის სასწაულებრივი ძალის გამოცდილება.

მე მადლობას ვუხდი ღმერთს და ვადიდებ მას, რომელმაც მოგვცა საშუალება გამოგვექვეყნებინა აღთქმები ერთ ნამუშევრად "მეთერთმეტე ორკვირიანი განსაკუთრებული ქადაგების შეკრებიდან დოქტორ ჯაეროკ ლისთან ერთად" 2003 წლის მაისს, რომელიც ჩატარდა ღმერთის სასწაულებრივი ძალით.

ღმერთის ძალა მოგიცავთ წყალობითა და შორსმჭრეტველობით, რადგან მასში შედის ცხრა აღთქმა ქადაგების შეკრებიდან, რომლის თემატიკაც იყო "ძალა".

პირველ აღთქმაში, "რწმენა ღმერთში," ღმერთის იდენტურობა, რა არის რისიც უნდა გვწამდეს მასში და გზა, თუ როგორ უნდა შევხვდეთ და განვიცადოთ იგი.

მეორე აღთქმაში, "რწმენა უფალში," იესოს დედამიწაზე მოსვლის მიზანი, რატომ არის იესო ჩვენი ერთადერთი მხსნელი და რატომ ვიღებთ ხსნას და პასუხებს, როდესაც უფალი იესოსი გვწამს.

მესამე აღთქმა, "ჭურჭელი, რომელიც ძვირფას ქვაზე უფრო ლამაზია," საგულდაგულოდ განმარტავს როგორც იმას, თუ როგორ უნდა იყო ძვირფასი, კეთილშობილი და ლამაზი ჭურჭელი ღმერთის თვალში, და ასევე კურთხევებს, რომელსაც ასეთი ჭურჭელი იმსახურებს.

მეოთხე აღთქმა, "ნათელი," განმარტავს სულიერ ნათელს, რა უნდა გავაკეთოთ იმისათვის, რომ შევხვდეთ ღმერთს, რომელიც ნათელია და კურთხევები, რომელსაც მაშინ მივიღებთ, როდესაც ნათელში ვივლით.

მეოთხე აღთქმა, "სინათლის ძალა," ღრმად შეისწავლის ღმერთის ძალის ოთხ განსხვავებულ დონეს, რომლებიც მოხდენილია ადამიანების მიერ სხვადასხვა სინათლის ფერების მეშვეობით, და ასევე რეალური სხვადასხვა განკურნების მტკიცებები ნაჩვენები თითოეულ დონეზე. გარდა ამისა, შექმნის ყველაზე დიდი ძალის წარდგენით, ღმერთის უსაზღვრო ძალა და გზა, რომლითაც შეგვიძლია მივიღოთ სინათლის ძალა, დეტალურად არის ახსნილი.

პროცესზე დაყრდნობით, რომელშიც ადამიანი იბადება ბრმა, იღებს მხედველობას იესოსთან შეხვედრისას და მტკიცებები რამდენიმე ადამიანისგან, რომლებმაც მიიღეს მხედველობა, მეექვსე აღთქმა, "ბრმებს თვალი აეხილებათ," დაგეხმარებათ გააცნობიეროთ შემოქმედი ღმერთის ძალა.

მეშვიდე აღთქმაში, "ხალხი ადგება, გადაყრის ჯოხებს და სიარულს დაიწყებს," დამბლადაცემული ადამიანის ისტორია, რომელიც იესოს წინაშე აღმოჩნდა

თავისი მეგობრების დახმარებით, ფეხზე დგება და სიარულს იწყებს, ყურადღებით არის შესწავლილი.

მერვე აღთქმა, "ხალხი გაიხარებს, იცეკვებს და იმღერებს," ღრმად შეისწავლის ყრუ-მუნჯი ადამიანის ისტორიას, რომელიც იღებს განკურნებას, როდესაც იესოსთან მიდის და ასევე გაგაცნობთ გზას, რომლითაც დღესაც კი ჩვენც შევძლებთ ასეთი ძალის განცდას.

საბოლოოდ, მეცხრე აღთქმა, "ღმერთის უცვლელი განგება," წინასწარმეტყველებს ბოლო დღეების შესახებ და ღმერთის განგება მანმინის ცენტრალური ეკლესიისათვის - რომლებიც თვით ღმერთის მიერ გამომჟღავნდა მანმინის ეკლესიის დაარსების შემდეგ 20 წლის წინათ - პირდაპირ არის განმარტული.

ამ წიგნის დახმარებით, მრავალი ადამიანი მიიღებს ჭეშმარიტ რწმენას, ყოველთვის გამოცდიან შემოქმედი ღმერთის ძალას და გამოყენებულ იქნებიან სული წმინდის ჭურჭლად და შეასრულებენ მის განგებას, მე ვლოცულობ უფალი იესო ქრისტეს სახელით!

გეუმსუნ ვინი
სარედაქციო ბიუროს დირექტორი

სარჩევი

აღთქმა 1
რწმენა ღმერთში (ებრაელთა 11:3) · 1

აღთქმა 2
რწმენა უფალში (ებრაელთა 12:1-2) · 25

აღთქმა 3
ჭურჭელი, რომელიც ძვირფას ქვაზე უფრო ლამაზია
(2 ტიმოთე 2:20-21) · 47

აღთქმა 4
ნათელი (1 იოანე 1:5) · 67

აღთქმა 5
სინათლის ძალა (1 იოანე 1:5) · 85

აღთქმა 6

ბრმებს თვალი აეხილებათ (იოანე 9:32-33) · 117

აღთქმა 7

ხალხი ადგება, გადაყრის ჯოხებს და
სიარულს დაიწყებს (მარკოზი 2:3-12) · 135

აღთქმა 8

ხალხი გაიხარებს, იცეკვებს და იმღერებს
(მარკოზი 7:31-37) · 157

აღთქმა 9

ღმერთის უცვლელი განგება (რჯული 26:16-19) · 179

ალთქმა 1
რწმენა ღმერთში

ებრაელთა 11:3

რწმენით შევიცნობთ
რომ ღვთის სიტყვით შეიქმნენ საუკუნენი,
და რომ ხილული უხილავისაგან
იღებს დასაბამს

1993 წლის მაისში ჩატარებული ორკვირიანი განსაკუთრებული ქადაგების შეკრების შემდეგ, უამრავმა ადამიანმა განიცადა ღმერთის ძალა და საქმე, რომლითაც ავადმყოფობები, რომელთა განკურნებაც თანამედროვე მედიცინით შეუძლებელი იყო, განიკურნა და პრობლემები, რომელთა მოგვარებაც მეცნიერებით ვერ მოხერხდა, მოგვარდა. უკანასკნელი ჩვიდმეტი წლის განმავლობაში, როგორც ჩვენ მარკოზი 16:20-ში ვკითხულობთ, ღმერთმა დაამტკიცა თავისი სიტყვა ნიშნებით და სასწაულებით.

რწმენის, სამართლიანობის, ხორცის და სულის, სიკეთის და სინათლის და სიყვარულის აღთქმებით, ღმერთი მრავალ მანმინის ეკლესიის წევრს წარუძღვა უფრო ღრმა სულიერი სამყაროსაკენ. გარდა ამისა, ყოველი ქადაგების შეკრების საშუალებით, ღმერთმა გვიჩვენა თავისი ძალა, რათა ეს შეკრება გამხდარიყო მსოფლიოში ცნობილი ქადაგების შეკრება.

იესო გვეუბნება მარკოზი 9:23-ში, "თუ შეგიძლია გწამდეს, ყველაფერი შესაძლოა მორწმუნისათვის." ამგვარად, თუ ჩვენ ჭეშმარიტი რწმენა გვაქვს, არაფერია შეუძლებელი ჩვენთვის და მივიღებთ ყველაფერს, რასაც ვეძებთ.

მაშინ რისი უნდა გვწამდეს და როგორ უნდა გვწამდეს? თუ ჩვენ მართებულად არ გვწამს

ღმერთის, ჩვენ ვერ შევძლებთ მისი ძალის განცდას და რთული იქნება მისგან პასუხების მიღება. ზუსტად ამიტომ არის ყველაზე მნიშვნელოვანი სწორედ გწამდეს ღმერთის.

ვინ არის ღმერთი?

პირველი, ღმერთის არის ბიბლიის 66 წიგნის ავტორი. 2 ტიმოთე 3:16 შეგვახსენებს, რომ "მთელი წერილი ღვთივსულიერია." ბიბლია შედგება 66 წიგნისგან და სავარაუდოდ დაწერილია 34 ადამიანის მიერ დაახლოებით 1600 წლის განმავლობაში. მაინც, ბიბლიის თითოეული წიგნის ყველაზე გასაოცარი ასპექტი ის არის, რომ მიუხედავად იმ ფაქტისა, რომ მრავალმა ადამიანმა დაწერა საუკუნეთა განმავლობაში, თავიდან ბოლომდე ემთხვევა და შეესაბამება ერთმანეთს. სხვა სიტყვებით რომ ვთქვათ, ბიბლია არის ღმერთის სიტყვა სხვადასხვა ადამიანების მიერ შთაგონებით დაწერილი და ამით იგი საკუთარ თავს ავლენს. ზუსტად ამიტომ, იმ ადამიანებს, რომლებსაც სწამთ, რომ ბიბლია ღმერთის სიტყვაა და ემორჩილებიან მას, შეუძლიათ გამოცადონ მისი დაპირებული კურთხევები და წყალობა.

შემდეგი, ღმერთი არის "მე ვარ, რომელიც ვარ" (გამოსვლა 3:14). კერპების განსხვავებით, რომლებიც

ადამიანის ფანტაზიის მიერ ჩაიქმნა, ჩვენი ღმერთი არის ჭეშმარიტი ღმერთი, რომელიც არსებობდა მარადისობამდე. გარდა ამისა, ჩვენ შეგვიძლია ღმერთი აღვწეროთ როგორც სიყვარული (1 იოანე 4:16), სინათლე (1 იოანე 1:5), და ყველაფერის მოსამართლე.

მაგრამ პირველ რიგში ჩვენ უნდა დავიმახსოვროთ, რომ ღმერთმა შექმნა ყველაფერი რაც ზეცაში და დედამიწაზეა. იგი არის ყოვლისშემძლე, რომელმაც ურყევად გამოამჟღავნა თავისი სასწაულებრივი ძალა შექმნის დღიდან ამ დღემდე.

ყველაფრის შემქმნელი

დაბადება 1:1-ში ჩვენ ვკითხულობთ, რომ "თავდაპირველად ღმერთმა შექმნა ცა და მიწა". ებრაელთა 11:3 გვეუბნება, "რწმენით შევიცნობთ, რომ ღვთის სიტყვით შეიქმნენ საუკუნენი, და რომ ხილული უხილავისაგან იღებს დასაბამს."

დროის დასაწყისში, სიცარიელეში, ღმერთის ძალით შეიქმნა ყველაფერი. თავისი ძალით, ღმერთმა შექმნა მზე და მთვარე ცაში, მცენარეები და ხეები, ჩიტები და ცხოველები, ზღვაში თევზები და ადამიანთა მოდგმა.

მიუხედავად ამ ფაქტისა, უამრავ ადამიანს არ

სწამს შემოქმედი ღმერთის, რადგან შექმნის გაგების უნარი უბრალოდ შეუთავსებელია ცოდნასთან ან გამოცდილებასთან, რომელიც მათ აქვთ ამ სამყაროში. მაგალითად, ასეთი ადამიანების გონებაში, შეუძლებელია, რომ ყველაფერი სამყაროში ღმერთის ერთი ბრძანებით იყოს შექმნილი.

ზუსტად ამიტომ წარმოიქმნა ევოლუციის თეორია. ევოლუციის თეორიის მიმდევრები ამტკიცებენ, რომ ცოცხალი ორგანიზმი წარმოიქმნა შემთხვევით, თავისით განვითარდა და გამრავლდა. თუ კი ადამიანები ღმერთის მიერ სამყაროს შექმნას ასეთი ცოდნით უარყოფენ, მათ არ შეუძლიათ ბიბლიის რწმენა. მათ არ შეუძლიათ იწამონ ზეცის და ჯოჯოხეთის არსებობა, რადგან იქ არასოდეს ყოფილან და ღმერთის ძის, რომელიც დაიბადა ადამიანად, მოკვდა, აღსდგა და ძეცაში აღცენდა.

თუმცა, ჩვენ ვხედავთ, რომ როდესაც მეცნიერება ვითარდება, ევოლუციის ცდომილება მჟღავნდება, როდესაც შექმნის სამართლიანობა უფრო იზრდება. მაშინაც კი, თუ ჩვენ არ ვაწარმოებთ სამეცნიერო მტკიცებულებების სიას, არსებობს მრავალი შექმნის მტკიცებულების მაგალითი.

მტკიცებულებები, რომლების საშუალებითაც ჩვენ შეგვიძლია გვწამდეს შემოქმედი ღმერთის

არსებობს ერთი ასეთი მაგალითი. არსებობს ორასზე მეტი სახელმწიფო და კიდევ უფრო მეტი სხვადასხვა ადამიანთა ეთნიკური ჯგუფები. მაინც, არიან ისინი თეთრკანიანები თუ შავკანიანები, ყოველ მათგანს აქვს ორი თვალი. ყოველ მათგანს აქვს ორი ყური, ერთი ცხვირი და ორი ნესტო. ეს მოხატულობა ეხება არა მარტო ადამიანებს, არამედ ცხოველებსაც, ფრინველებსაც და თევზებსაც. მარტო იმიტომ, რომ სპილოს ხორთუმი განსაკუთრებით დიდი და გრძელია, ეს იმას არ ნიშნავს, რომ მას ორზე მეტი ნესტო აქვს. თითოეულ ადამიანს, ცხოველს, ჩიტს და თევზს აქვს ერთი პირი და პირის პოზიცია იდენტურია. არსებობს შეუმჩნეველი განსხვავებები სხვადასხვა სახეობებში თითოეული ორგანოს პოზიციის მიმართებაში, მაგრამ უმეტესწილად სტრუქტურა და პოზიცია განურჩეველია.

როგორ შეიძლებოდა ეს ყველაფერი "შემთხვევით" მომხდარიყო? ეს არის მყარი მტკიცებულება, რომ შემოქმედმა ჩამოაყალიბა ადამიანები, ცხოველები, ფრინველები და თევზები. თუ კი ერთზე მეტი შემოქმედი იქნებოდა, ცოცხალი

არსებების შესახედაობა და სტრუქტურა იმდენად განსხვავებული იქნებოდა, რამდენი შემოქმედიც იარსებებდა. თუმცა, რადგან ჩვენი ღმერთი არის ერთადერთი შემოქმედი, ყველა ცოცხალი არსება ჩამოყალიბდა იდენტური დიზაინის მიხედვით.

გარდა ამისა, ჩვენ ვხედავთ კიდევ უფრო მრავალ მტკიცებულებას ბუნებაში და სამყაროში, რომლებიც ღმერთის რწმენისკენ გვიძღვება. როგორც რომაელთა 1:20 გვეუბნება, "და მართლაც, მისი უხილავი სრულყოფილება, წარუვალი ძალა და ღვთაებრიობა, ქვეყნიერების დასაბამიდან მისსავ ქმნილებებში ცნაურდება და ხილული ხდება: ასე რომ, არა აქვთ პატიება," ღმერთმა შექმნა და ჩამოაყალიბა ყველაფერი, რათა მისი არსებობის ჭეშმარიტება არ იქნას უარყოფილი.

აბაკუმი 2:18-19-ში ღმერთი გვეუბნება, "რა სარგებლობა აქვს მოქანდაკის გამოკვეთილ კერპს, ტყუილის მომღვარს, მაგრამ მოქანდაკე ესავს თავის ნაქანდაკევს, თუმცა მუნჯებია მისი შექმნილი ღმერთები. ვაი მას, ვინც ხეს ეუბნება: გაიღვიძეო, და მდუმარე ქვას: გამოფხიზლდიო. ეს არის მომღვარი? აჰა, ოქრო-ვერცხლშია ჩასმული, სული კი არ უდგას." თუ კი რომელიმე თქვენთაგანს თაყვანი გიციათ კერპებისთვის ღმერთის ცნობის გარეშე, თქვენ დარწმუნებით უნდა მოინანიოთ თქვენი ცოდვები.

ბიბლიური მტკიცებულებები, რომლითაც თქვენ შეგიძლიათ უდავოდ გწამდეთ შემოქმედი ღმერთის

ჯერ კიდევ არსებობს უამრავი ადამიანი, რომლებსაც არ შეუძლიათ სწამდეთ ღმერთის, მიუხედავად მტკიცებულებების განუზომელი რაოდენობისა მათ გარშემო. ზუსტად ამიტომ, მისი ძალის ჩვენებით, ღმერთმა გვიჩვენა თავისი არსებობის უფრო ხილული და უდაო მტკიცებულებები. სასწაულებით, რომლეთა მოხდენაც ადამიანს არ შეუძლია, ღმერთმა საშუალება მისცა ადამიანთა მოდგმას ერწმუნა მისი არსებობის და სასწაულების.

ბიბლიაში, მრავალი შთამბეჭდავი მაგალითი არსებობს, რომლებშიც ღმერთის ძალა იყო ნაჩვენები. წითელი ზღვა შუაზე გაიყო, მზე გაჩერდა, და ზეციდან ცეცხლი ჩამოვიდა. მწარე წყალი ტკბილ წყლად გადაიქცა, დასალევ წყლად, როდესაც კლდიდან წყალმა გადმოჩქეფა. მკვდარი გაცოცხლდა, ავადმყოფობები განიკურნა და ერთი შეხედვით წაგებული ბრძოლები მოგებულ იქნა.

როდესაც ხალხს ყოვლისშემძლე ღმერთის სწამს და სთხოვს მას, ისინი მის წარმოუდგენელ ძალას გრძნობენ. ზუსტად ამიტომ ღმერთმა ბიბლიაში მრავალი ნიმუში ჩაწერა, რომლებშიც მისი ძალა იყო

ნაჩვენები და გვაკურთხა რომ გვეწამა.

მაგრამ, მისი ძალის საქმე მხოლოდ ბიბლიაში არ არსებობს. რადგან ღმერთი უცვლელია, მრავალი ნიშნებითა და სასწაულებით, იგი ამჟღავნებს თავის ძალას ჭეშმარიტი მორწმუნეების საშუალებით მთელი მსოფლიოს მასშტაბით. მარკოზი 9:23-ში იესო გვარწმუნებს, "თუ შეგიძლია გწამდეს, ყველაფერი შესაძლოა მორწმუნისათვის." მარკოზი 16:17-18-ში უფალი შეგვახსენებს, "ხოლო მორწმუნეთაგან განუყრელნი იქნებიან ეს სასწაულნი: ჩემი სახელით განდევნიან ეშმაკთ და ახალ ენებზე იმეტყველებენ. აიყვანენ გველებს, და თუ სასიკვდილოს დალევენ რასმე, არ ავნებს მათ; ხელს დაადებენ სნეულთ და განიკურნებიან ისინი."

ცენტრალურ ეკლესიაში გამომჟღავნებული ღმერთის ძალა

ეკლესია, რომელშიც მე ვმსახურობ როგორც უფროსი პასტორი, მანმინის ცენტრალური ეკლესია, ისევ და ისევ ამჟღავნებს შემოქმედი ღმერთის ძალას, რადგან ეკლესია ყოველთვის ბრძოლობდა სახარების მთელს მსოფლიოში გავრცელებას. მისი დაარსებიდან, 1982 წლიდან დღემდე, მანმინი უთვალავ ადამიანს წარუძღვა ხსნის გზისაკენ შემოქმედი ღმერთის ძალით. მისი ძალის ყველაზე

"როგორი მადლიერი ვიყავი
როდესაც ჩემი სიცოცხლე გადაარჩინე...
მეგონა, რომ მთელი დარჩენილი ცხოვრება
ყავარჯენზე დაყრდნობილი გავატარებდი...

ახლა მე შემიძლია სიარული...
მამა, მამა, მე შენ მადლობას გიხდი!"

დიაკონისა იოჰანა პარკი,
რომელიც სამუდამოდ დეფექტიანი რჩებოდა,
იწყებს სიარულს
ლოცვის მიღების შემდეგ

მნიშვნელოვანი საქმე არის დაავადებების განკურნება. უამრავი ადამიანი "განუკურნებელი" ავადმტოფობებისგან, კიბოს, ტუბერკულოზის, დამბლის, ტვინის დამბლის, თიაქრის, ართრიტის და ლეიკემიის ჩათვლით, განიკურნა. დემონები განიდევნა, კოჭლი ფეხზე დადგა და სიარული და სირბილი დაიწყო და ადამიანები, რომლებიც პარალიზებულნი იყვნენ უბედური შემთხვევებისგან, გამოჯანმრთელდნენ. გარდა ამისა, ლოცვის მიღებისთანავე, ადამიანები, რომლებიც მძიმე დამწვრობისგან იტანჯებოდნენ, განიკურნენ ყოველგვარი შემზარავი ნაიარევების დატოვების გარეშე. სხვები, რომელთა სხეულებიც გაშეშებული იყო და რომლებსაც გონება ჰქონდათ დაკარგული ტვინის ჰემორაგიის ან გაზის მოწამვლის გამო, გონზე მოვიდნენ და მაშინათვე გამოჯანმრთელდნენ. და ადამიანები, რომლებსაც უკვე სუნთქვა ჰქონდათ შეწყვეტილი, ლოცვის მიღების შემდეგ გაცოცხლდნენ.

ბევრ სხვას, რომლებსაც ხუთი, შვიდი, ათი და ოცი წლის ქორწინების შემდეგაც არ შეეძლოთ შვილის გაჩენა, ლოცვით მიიღეს კურთხევა და ეყოლათ ბავშვები.

მაშინაც კი, თუ მედიცინა და მეცნიერება გიგანტურ ნახტომს გააკეთებს ყოველ წელს, მკვდარი ნერვების გაცოცხლება და თანდაყოლილი სიბრმავის ან სიყრუის განკურნება შეუძლებელია.

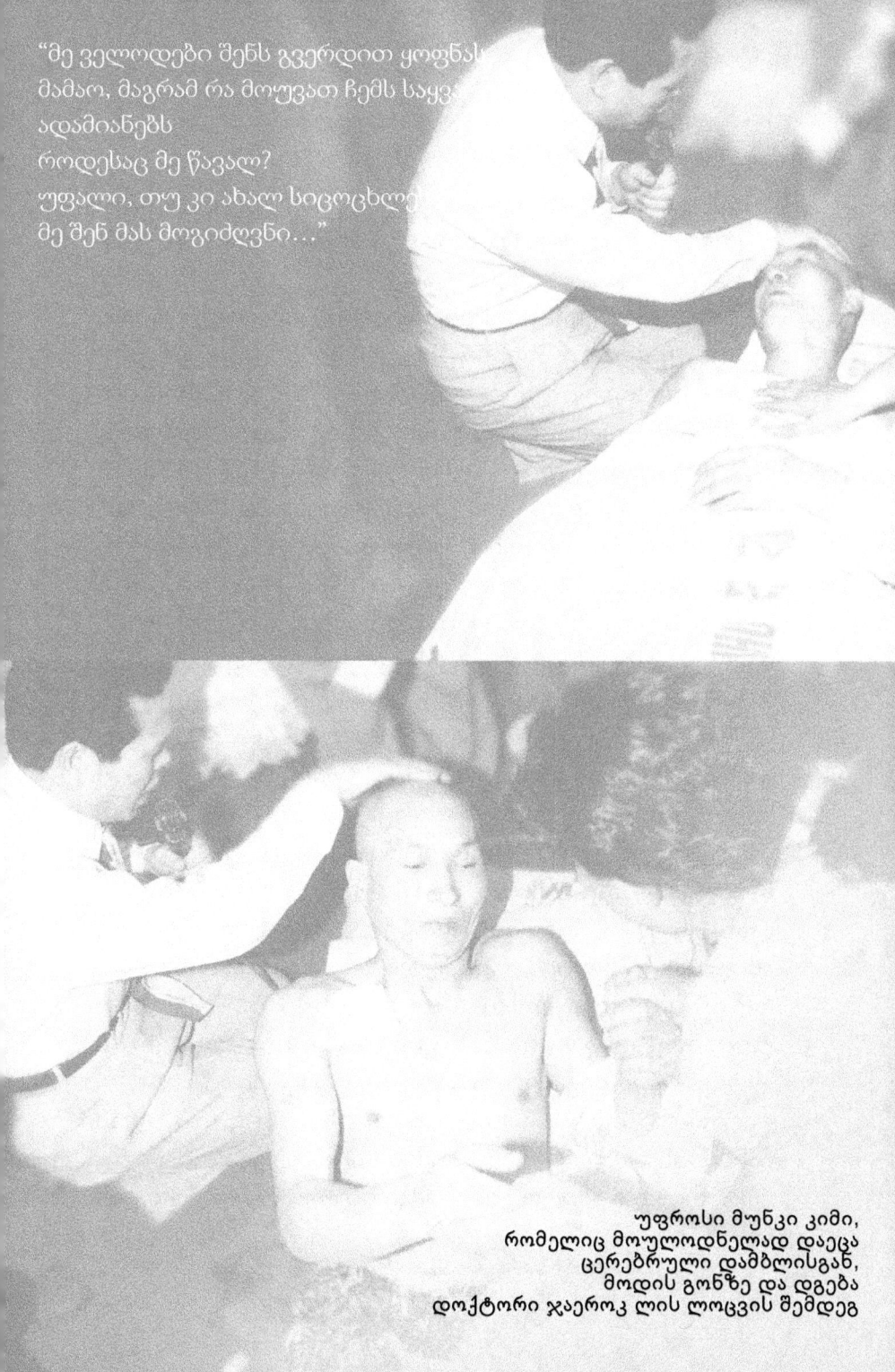

“მე ველოდები შენს გვერდით ყოფნას
მამაო, მაგრამ რა მოუვათ ჩემს საყვ
ადამიანებს
როდესაც მე წავალ?
უფალი, თუ კი ახალ სიცოცხლე
მე შენ მას მოგიძღვნი...”

უფროსი მუნკი კიმი,
რომელიც მოულოდნელად დაეცა
ცერებრული დამბლისგან,
მოდის გონზე და დგება
დოქტორი ჯაეროკ ლის ლოცვის შემდეგ

თუმცა, ყოვლისშემძლე ღმერთს ყველაფრის გაკეთება შეუძლია, რადგან იგი არაფრისგან რაღაცას ქმნის.

მეთვითონ გამოვცადე ყოვლისშემძლე ღმერთის ძალა. მე შვიდი წლის განმავლობაში სიკვდილის ზღურბლზე ვიდექი, სანამ ღმერთს ვიწამებდი. მთელი სხეული დაავადებული მქონდა, მხოლოდ ჩემი ორი თვალის გამონაკლისით და ამიტომ შემერქვა "დაავადების დეპარტამენტის მაღაზია." უშედეგოდ ვცადე აღმოსავლური და დასავლეთური მედიცინა, კეთრის მედიცინა, ყველა სახის სამკურნალო მცენარეები, დათვების და ძაღლების ნაღვლის ბუშტები, ყურბელები და ფეკალური მასების წყალიც კი. ამ ტანჯული შვიდი წლის განმავლობაშჳ ყველაფერი ვცადე, მაგრამ არაფერმა განმკურნა. როდესაც 1974 წელს დიდ სასოწარკვეთილებაში ვიყავი, მე გამოვცადე წარმოუდგენელი რამ. ამ დროს შევხვდი ღმერთს და მან ყველაფრისგან განმკურნა. ამ დღიდან დაწყებული, ღმერთი ყოველთვის მიცავდა და ამიტომ არასოდეს გავმხდარვარ ავად, მაშინაც კი, როდესაც სხეულის სხვადასხვა ნაწილებში უსიამოვნო გრძნობას განვიცდიდი, რწმენით ლოცვის შემდეგ, ყველაფერი ინკურნებოდა.

გარდა ჩემი და ჩემი ოჯახისა, მე ვიცი, რომ მანმინის მრავალ მორწმუნეს სწამს ყოვლისშემძლე ღმერთის და ამიტომ ისინი ფიზიკურად ყოველთვის

ჯანმრთელნი არიან და არ არიან დამოკიდებულნი მედიცინაზე. მკურნავი ღმერთის წყალობის მადლიერებისათვის, მრავალი ადამიანი, რომლებიც გამოჯანმრთელდნენ, ახლა მსახურობენ ეკლესიაში როგორც ღმერთის ერთგული მღვდლები, უხუცესები, დიაკონები და მსახურები.

ღმერთის ძალა არ შემოიფარგლება ავადმყოფობების განკურნებით. მას შემდეგ რაც მანმინის ეკლესია დაარსდა 1982 წელს, ეკლესიის წევრებმა ნახეს უთვალავი მაგალითები, რომლებშიც ღმერთის ძალა აკონტროლებდა ამინდს, როდესაც ძლიერი წვიმა შეწყდა, დაიფარა მანმინის წევრები ღრუბლებით მცხუნვარე მზის დროს და გამოიწვია ტაიფუნების სვლის შეცვლა. მაგალითად, ყოველ ივლისს და აგვისტოს ეკლესიის მასშტაბით ტარდება განმარტოებები. მაშინაც კი, თუ მთელი სამხრეთ კორეა იტანჯება ტაიფუნის და წყალდიდობის მოტანილი ზიანით, ქვეყნის ის ნაწილები, სადაც განმარტოებები ტარდება, ხშირად რჩება უვნებელი ძლიერი წვიმებისგან და სხვა ბუნებრივი უბედურებებისგან. მანმინის წევრები რეგულარულად ხედავენ ცისარტყელებს, ისეთ დღესაც კი, როდესაც საერთოდ არ უწვიმია.

არსებობს კიდევ უფრო გასაოცარი ღმერთის ძალის ასპექტი. მისი ძალის საქმე მაშინაც კი მჟღავნდება, როდესაც ავადმყოფი ადამიანებისთვის პირდაპირ არ ვლოცულობ. უთვალავმა ადამიანმა

ძლიერად ადიდა ღმერთი განკურნების და წყალობების მიღების შემდეგ ”ავადმყოფებისთვის ლოცვის” საშუალებით და კასეტაზე ჩაწერილი ”ლოცვით”, ინტერნეტით გაცადემით და ავტომატური ტელეფონის შეტყობინებებით.

გარდა ამისა, საქმე 19:11-12-ში ჩვენ ვკითხულობთ "ხოლო ღმერთი მრავალ სასწაულს ახდენდა პავლეს ხელით. ასე რომ, მის ნაქონ ხელსახოცებს თუ წელსაკრავებს თვით სნეულთაც კი აფენდნენ, რომელნიც იკურნებოდნენ და უკეთური სულები გამოდიოდნენ მათგან." ანალოგიურად, ხელსახოცების საშუალებით, რომლებზეც მე ვილოცე, ღმერთის სასწაულებრივი ძალა გამომჟღავნდა.

გარდა ამისა, როდესაც ავადმყოფი ადამიანების სურათს ხელს ვადებ და ვლოცულობ, განკურნება, რომელიც დროის და სივრცის ზღვარს აბიჯებს, მთელს მსოფლიოში მჟღავნდება. ზუსტად ამიტომ, როდესაც საზღვარგარეთულ ლაშქრობებს ვხელმძღვანელობ, შიდსის ჩათვლით ყველა ავადმყოფობა ინკურნება ღმერთის ძალით, რომელიც დროის და სივრცის ზღვარს აბიჯებს.

ღმერთის ძალის განცდა

იმას ნიშნავს ეს, რომ ვისაც ღმერთის სწამს, იგი

გამოცდის მის გასაოცარ ძალას და მიიღებს პასუხებს და წყალობას? უამრავი ადამიანი გამოთქვამს თავის რწმენას ღმერთში, მაგრამ ყოველი მათგანი არ განიცდის მის ძალას. შენ მაშინ შეძლებ მისი ძალის განცდას, როდესაც შენი რწმენა ღმერთში არის ქმედებაში და იგი აღიარებს "მე ვიცი რომ შენ ჩემი გწამს."

ღმერთი მიიჩნევს იმ არსებულ ფაქტს, რომ ადამიანი უსმენს სხვის ქადაგებას და რწმენით ეწევა ღვთისმსახურებას. თუმცა, იმისათვის რომ ჭეშმარიტი რწმენა გქონდეს, რომლითაც მიიღეებ განკურნებას და პასუხებს, შენ უნდა გაიგო და იცოდე თუ ვინ არის ღმერთი, თუ რატომ არის იესო ჩვენი მხსნელი და ზეცის და ჯოჯოხეთის არსებობის შესახებ. როდესაც ამ ფაქტორებს გაიგებ, მოინანიებ ცოდვებს, მიიღებ იესოს შენს მხსნელად და მიიღებ სული წმინდას და გახდები ღმერთის შვილი. ეს არის პირველი ნაბიჯი ჭეშმარიტი რწმენისაკენ.

ადამიანები, რომლებსაც ასეთი ჭეშმარიტი რწმენა აქვთ, გამოამჟღავნებენ საქციელებში, რომლებიც დაამტკიცებენ ასეთ რწმენას. ღმერთი დაინახავს რწმენის ქმედებებს და მათი გულის სურვილებს უპასუხებს. ის ადამიანები, რომლებიც განიცდიან მის ძალას, გამოამჟღავნებენ მასში რწმენის მტკიცებულებებს და ისინი მიღებულნი არიან ღმერთის მიერ.

ღმერთის სიამოვნება რწმენის ქმედებებით

აქ მოყვანილია რამდენიმე მაგალითი ბიბლიიდან. პირველი, 2 მეფეთა 5-ში არის ნაყამანის, არამელთა მეფის არმიის მეთაურის ამბავი. ნაყამანმა გამოცადა ღმერთის ძალა მას შემდეგ რაც რწმენის ქმედებები გამოამჟღავნა ელია წინასწარმეტყველზე დამორჩილებით, რომლის საშუალებითაც ღმერთი ლაპარაკობდა.

ნაყამანი იყო გამორჩეული არამელთა სამეფოს გენერალი. როდესაც მას კეთრი შეეყარა, ნაყამანი მივიდა ელიასთან, რომელზეც ამბობდნენ, რომ გასაოცარ სასწაულებს ახდენდა. თუმცა, როდესაც ასეთი გავლენიანი და სახელოვანი გენერალი, როგორიც ნაყამანი იყო, ელიასთან მივიდა დიდი რაოდენობის ოქროთი, ვერცხლით და ტანისამოსით, წინასწარმეტყველმა შეტყობინება გააგზავნა ნაყამანთან და უთხრა, "წადი, შვიდგზის იბანე იორდანეში" (სტროფი 10).

თავიდან ნაყამანი აშკარად გაბრაზებული იყო, რადგან მას წინასწარმეტყველისგან არ მიუღია შესაფერისი მოპყრობა. გარდა ამისა, იმის მაგივრად, რომ ელიას მისთვის ელოცა, მან ნაყამანს უთხრა იორდანეში განებანა თავისი თავი. თუმცა, ნაყამანმა მალევე შეიცვალა აზრი და დაემორჩილა. მიუხედავად იმისა, რომ ელიას სიტყვები მას არ

მოეწონა და არ ეთანხმებოდა მის აზრს, ნაყამანს გადაწყვეტილი ჰქონდა, რომ ეცადა მაინც დამორჩილებოდა ღმერთის წინასწარმეტყველს.

როდესაც ნაყამანი იორდანეში თავის თავს იბანდა, მას შესამჩნევი უკეთესობა არ ეტყობოდა. მაგრამ, როდესაც ნაყამანმა იორდანეში მეშვიდეჯერ გაიბანა თავისი თავი, მისი ხორცი განახლდა და განიწმინდა (სტროფი 14).

სულიერად, "წყალი" სიმბოლურად გამოხატავს ღმერთის სიტყვას. ის ფაქტი, რომ ნაყამანი იორდანეში ჩავიდა, ნიშნავს იმას, რომ მისი სიტყვით ნაყამანი ცოდვებისგან განიწმინდა. გარდა ამისა, რიცხვი "შვიდი" ნიშნავს სრულყოფილებას; ის ფაქტი, რომ ნაყამანი იორდანეში ჩავიდა "შვიდჯერ" ნიშნავს იმას, რომ გენერალმა მიიღო სრულყოფილი მიტევება.

ანალოგიურად, თუ ჩვენ გვსურს, რომ ღმერთისგან პასუხები მივიღოთ, ჩვენ ჯერ ცოდვები უნდა მოვინანიოთ, როგორც ნაყამანმა ქნა. მაგრამ მონანიება არ მთავრდება უბრალოდ "მე ვინანიებ, მე ბოროტება ჩავიდინე" თქმით. შენი "გული უნდა დაიგლიჯო" (იოველი 2:13). გარდა ამისა, როდესაც საფუძვლიანად მოინანიებ ცოდვებს, შენ უნდა გადაწყვიტო, რომ არასოდეს ჩაიდინო ერთი და იგივე ცოდვა ორჯერ. მხოლოდ მაშინ ღმერთსა და შენს შორის ცოდვის კედელი განადგურდება, ბედნიერება გადმოედინა მის შუიდან, შენი

პრობლემები მოგვარდება და მიიღებ შენი გულის წადილზე პასუხებს.

მეორე, 1 მეფეთა 3-ში ჩვენ ვხედავთ, რომ მეფე სოლომონი ღმერთს სწირავს ათას სულს. ამ შესაწირით, სოლომონმა გამოამჟღავნა თავისი რწმენის ქმედება, რათა ღმერთისგან პასუხები მიღეო და შედეგად ღმერთისგან არა მარტო ის მიიღო რაც მას სთხოვა, არამედ ისიც რაც არ უთხოვია.
სოლომონისთვის, ათასი სულის შეწირვა, მოითხოვდა დიდ ერთგულებას. თითოეული შესაწირისთვის მეფეს უნდა დაეჭირა ცხოველი და მოემზადებინა. წარმოგიდგენიათ რამდენი დრო, ძალისხმევა და ფული დასჭირდებოდა ათას შესაწირს? ისეთი ერთგულება, რომელიც სოლომონმა გამოამჟღავნა, არ იქნებოდა შესაძლებელი, თუ კი მას არ ექნებოდა რწმენა ცოცხალ ღმერთში.
როდესაც მან სოლომონის ერთგულება დაინახა, ღმერთმა მას მისცა არა მარტო სიბრძნე, რომელიც მეფეს სურდა, არამედ სიმდიდრე და სახელი - ასე რომ, თავის სიცოცხლეში მას მეფეთა შორის არ ჰყავდა თანასწორი.

და ბოლოს, მათე 15-ში არის ქანაანელი ქალის ამბავი, რომლის ქალიშვილის ეშმაკისგან იტანჯებოდა. იგი მივიდა იესოსთან მორიდებულად

და უცვლელი გულით, სთხოვა მას ქალიშვილის განკურნება და საბოლოოდ მიიღო გულის წადილი. თუმცა, ქალის ხვეწნა-მუდარაზე იესოს არ უპასუხა, "შენი ქალიშვილი განიკურნა." ნაცვლად მან მიუგო ქალს. "არ ვარგა, შვილებს წაართვა და ძაღლებს მიუგდო პური" (სტროფი 26). მან ქალი ძაღლს შეადარა. თუ კი ქალს რწმენა არ ექნებოდა, იგი ან საშინლად შერცხვენილი იქნებოდა ან უკმაყოფილოდ გაბრაზებული. მაგრამ, ამ ქალს ჰქონდა რწმენა, რომელიც უზრუნველყოფდა იესოს პასუხს და არც იმედგაცრუებული იყო და არც შეშფოთებული. ნაცვლად იგი კიდევ უფრო თავმდაბრულად ჩამოეკიდა იესოს. "დიახ, უფალო," უთხრა ქალმა იესოს, "მაგრამ ძაღლებიც ხომ ჭამენ პატრონის ტაბლიდან დაცვენილ ნასუფრალს." ამაზე იესო ფრიად კმაყოფილი იყო ქალის რწმენით და დაუყოვნებლივ განკურნა მისი ქალიშვილი ეშმაკისგან.

მსგავსად, თუ ჩვენ გვსურს განკურნების და პასუხების მიღება, ჩვენ უნდა გამოვამჟღავნოთ ჩვენი რწმენა. გარდა ამისა, თუ გვაქვს რწმენა, რომლითაც მის პასუხებს მივიღებთ, შენ ფიზიკურად უნდა წარსდგე ღმერთის წინაშე.

რა თქმა უნდა, რადგან ღმერთის ძალა დიდად არის გამოვლენილი მანმინის ცენტრალურ ეკლესიაში, შესაძლებელია განკურნების მიღება ხელსახოცით, რომელზეც მე ვილოცე. თუმცა, თუ

კი ის ადამიანი, რომელიც კრიტიკულ მდგომარეობაშია ან საზღვარგარეთ, ადამიანი თვითონ უნდა წარსდგეს ღმერთის წინაშე. ადამიანს შეუძლია ღმერთის ძალის განცდა მხოლოდ მას შემდეგ, რაც მის სიტყვას მოისმენს და რწმენა ექნება. გარდა ამისა, თუ კი ადამიანი გონებრივად შეზღუდულია ან დემონით არის შეპყრობილი და ამიტომ არ შეუძლია საკუთარი რწმენით ღმერთის წინაშე წარსდგეს, მაშინ ზუსტად როგორც ქანაანელი ქალი, მის მაგივრად მისი მშობლები ან ოჯახის წევრები უნდა წარსდგნენ ღმერთის წინაშე სიყვარულით და რწმენით.

გარდა ამისა, რწმენის მრავალი მტკიცებულება არსებობს. მაგალითად, ადამიანის გამომეტყველებაში, რომელსაც აქვს რწმენა, რომლითაც პასუხების მიღება შეუძლია, ბედნიერება და მადლიერება ყოველთვის ნათელია. მარკოზი 11:24-ში, იესო გვეუბნება, "ამიტომ გეუბნებით თქვენ: რასაც ლოცვაში ითხოვთ, გწამდეთ, ყველაფერს მიიღებთ და მოგეცემათ." თუ გაქვს ჭეშმარიტი რწმენა, შენ შეგიძლია იყო მხოლოდ სიხარულით სავსე და მადლიერი. გარდა ამისა, თუ შენ განაცხადებ რომ ღმერთის გწამს, შენ დაემორჩილები და იცხოვრებ მისი სიტყვის თანახმად. რადგან ღმერთი ნათელია, შენ ეცდები ყოველთვის ნათელში იარო.

ღმერთი აღფრთოვანებულია ჩვენი რწმენის ქმედებებით და პასუხობს ჩვენი გულის წადილს. გააქვს შენ ისეთი რწმენა, რომელსაც ღმერთი აღიარებს?

ებრაელთა 11:6 შეგვახსენებს "რწმენის გარეშე კი შეუძლებელია ესათნოვო ღმერთს, რადგან ვინც მას უახლოვდება, უნდა სწამდეს, რომ ღმერთი არსებობს და სანაცვლოს მიაგებს მის მაძიებელთ."

იმის სწორად გაგებით, თუ რა არის რისიც უნდა გვწამდეს ღმერთში და რწმენის გამომჟღავნებით, დაე თითოეულმა თქვენთაგანმა ასიამოვნოთ იგი, განიცადოთ მისი ძალა და იცხოვროთ დალოცვილი ცხოვრებით, მე ვლოცულობ ჩვენი უფალი იესო ქრისტეს სახელით!

აღთქმა 2
რწმენა უფალში

ებრაელთა 12:1-2

ამიტომ ჩვენც, რაკიღა
ღრუბელივით გარს გვახვევია ესოდენ მრავალი მოწმე,
ჩამოვიშოროთ ყოველგვარი სიმძიმე
თუ ხელ-ფეხ შემკვრელი ცოდვა
და მოთმინებით გავლიოთ
ჩვენს წინაშე მდებარე სარბიელი.
თვალი მივაპყროთ იესოს,
რწმენის წინამძღვარსა და სრულმყოფს,
მის წინაშე მდებარე სიხარულის წილ რომ დაითმინა ჯვარი, უგულებელყო სირცხვილი
და დაჯდა
ღვთის ტახტის მარჯვნივ

დღეს მრავალ ადამიანს აქვს სახელი ”იესო ქრისტე” გაგონილი. თუმცა, განსაცვიფრებლად ბევრმა ადამიანმა არ იცის თუ რატომ არის იესო ადამიანთ ამოდგმის მხსნელი ან რატომ ვიღებთ ხსნას მხოლოდ მაშინ, როდესაც იესო ქრისტესი გვწამს. გაცილებით უარესი კი ის არის, რომ არსებობენ ქრისტიანები, რომლებსაც არ შეუძლიათ ზემოთ მოყვანილ კითხვებზე პასუხის გაცემა, მიუხედავად იმისა, რომ პირდაპირ არიან დაკავშირებულნი ხსნასთან. ეს იმას ნიშნავს, რომ ქრისტიანები ცხოვრებენ ქრისტეში ცხოვრებით ამ კითხვების სულიერი მნიშვნელობის გაგების გარეშე.

ამიტომ, მხოლოდ მაშინ, როდესაც სწორედ ვიცით და გვესმის თუ რატომ არის იესო ჩვენი მხსნელი და რატომ უნდა მივიღოთ და გვწამდეს მისი, ჩვენ შევძლებთ გამოვცადოთ ღმერთის ძალა.

ზოგი ადამიანი უბრალოდ თვლის, რომ იესო ქრის ერთ-ერთი ოთხ დიდ წმინდათაგანი. სხვები კი ფიქრობენ, რომ იგი ქრისტიანობის დამაარსებელია ან დიდსულოვანი კაცი, რომელმაც თავისი სიცოცხლის მანძილზე კარგი რაღაცეები გააკეთა.

თუმცა, ჩვენ, რომლებიც გავხდით ღმერთის შვილები, უნდა შევძლოთ იმის აღიარება, რომ იესო არის ადამიანთა მოდგმის მხსნელი, რომელმაც

ისინი გამოისყიდა ცოდვებისაგან. როგორ შეგვიძლია ღმერთის ერთადერთი ძე, იესო ქრისტე შევადაროთ ადამიანს, უბრალოდ არსებას?

შემოქმედი ღმერთის ძე, მხსნელი

მათე 16-ში არის შემთხვევა, სადაც იესო ეკითხება თავის მოწაფეებს, "რას ამბობს ხალხი, ვინ არისო ძე კაცისა?" (სტროფი 13) მოწაფეებმა მიუგეს, "ზოგს იოანე ნათლისმცემელი ჰგონიხარ, ზოგს - ელია, ზოგს - იერემია თუ ერთ-ერთი წინასწარმეტყველი" (სტროფი 14). იესომ ჰკითხა მოწაფეებს, "თქვენ თვითონ ვინღა გგონივართ მე?" (სტროფი 15) როდესაც პეტრემ მიუგო, "შენა ხარ ქრისტე, ძე ცოცხალი ღმრთისა" (სტროფი 16), იესომ განუცხადა მას, "ნეტარი ხარ შენ, სიმონ, იონას ძეო, რადგან ხორცმა და სისხლმა კი არ გაგიცხადა ეს, არამედ ჩემმა ზეციერმა მამამ" (სტროფი 17. იესოს მიერ გამომჟღავნებული ღმერთის ძალით, პეტრე დარწმუნებული იყო, რომ იგი შემოქმედი ღმერთის ძე იყო და ქრისტე, ადამიანთა მოდგმის მხსნელი.

თავდაპირველად, ღმერთმა შექმნა ადამიანი მტვრისგან თავის წარმოსახვით და დააბინავა იგი ედემის ბაღში. ბაღში იყო სიცოცხლის ხე და ხე სიცოცხლისა და ხე კეთილისა და ბოროტის, და

ღმერთმა გააფრთხილა პირველი ადამიანი, ადამი, "ყველა ხის ნაყოფი გეჭმევა ამ ბაღში. მხოლოდ კეთილის და ბოროტის შეცნობის ხის ნაყოფი არ შეჭამო, რადგან როგორც კი შეჭამ, მოკვდებით" (დაბადება 2:16-17).

დიდი ხნის გასვლის შემდეგ, პირველი ადამიანი ადამი და ევა შეცდნენ გველის მიერ, რომელიც სატანის მიერ იყო წაქეზებული და არ დაემორჩილნენ ღმერთის ბრძანებას. ბოლოს მათ ჭამეს აკრძალული ხის ნაყოფი და განიდევნენ ედემი ბაღიდან. მათი ქმედების შედეგად, ადამის და ევას შთამომავლებმა მემკვიდრეობით მიიღეს მათი ცოდვილი ბუნება. გარდა ამისა, როგორც ღმერთმა უთხრა ადამს, რომ იგი მოკვდებოდა, მისი ყოველი შთამომავალი სიკვდილის გზას ადგა.

ამგვარად, დროის დასაწყისში, ღმერთმა მოამზადა ხსნის გზა, შემოქმედი ღმერთის ძე იესო ქრისტე. როგორც საქმე 4:12 გვეუბნება, "სხვის მიერ არვისგანაა ხსნა და არც კაცთათვის მიცემული სხვა სახელია ცის ქვეშ, ვისი წყალობითაც ვიხსნიდით თავს," იესო ქრისტეს გარდა, არავინაა ისტორიაში იმის შემძლე, რომ ადამიანთა მოდგმის მხსნელი გახდეს.

ღმერთის განგება რომელიც დამალული იყო დროის დაწყებამდე

1 კორინთელთა 2:6-7 გვეუბნება, "სიბრძნეს კი ჩვენ ვქადაგებთ სულიერად მოწიფულთა შორის, მაგრამ არა ამქვეყნიურსა თუ ამა ქვეყნის წარმავალ მთავართა სიბრძნეს, არამედ სიბრძნეს ღვთისას, საიდუმლოსა და დაფარულს, საუკუნეთა უწინარეს, ჩვენდა სადიდებლად რომ განაწესა ღმერთმა." 1 კორინთელთა 2:8-9 განაგრძობს, "სიბრძნეს, რომელიც ვერ შეიცნო ვერცერთმა მთავარმა ამა ქვეყნისა, ვინაიდან, რომ შეეცნოთ, ჯვარს აღარ აცვამდნენ დიდების უფალს. არამედ, როგორც დაიწერა: „რაც არ უხილავს თვალს, არ სმენია ყურს და არც კაცს გაუვლია გულში, ის განუმზადა ღმერთმა თავის მოყვარეთ“." ჩვენ უნდა გავაცნობიეროთ, რომ ღმერთის მიერ მომზადებული ხსნის გზა არის ჯვრის გზა იესო ქრისტეს მიერ და ეს არის ღმერთის სიბრძნე, რომელიც დამალული იყო.

როგორც შემოქმედი, ღმერთი ყოველთვის ყველაფერს განაგებს სამყაროში და მართავს ადამიანთა მოდგმის ისტორიას. ქვეყნის მეფე ან პრეზიდენტი განაგებს თავის ქვეყანას მიწის კანონის მიხედვით; კორპორაციის აღმასრულებელი ოფიცერი აკვირდება თავის კომპანიას კომპანიის

გაიდლაინების მიხედვით; და ოჯახის უფროსი ზედამხედველობს თავის ოჯახს ოჯახის წესების მიხედვით. ანალოგიურად, მიუხედავად იმისა, რომ ღმერთი სამყაროში ყველაფრის უფალია, იგი ყოველთვის მართავს ყველაფერს სულიერი სამყაროს წესების მიხედვით, როგორც ეს ბიბლიაში წერია.

სულიერი სამყაროს წესების თანახმად, არსებობს წესი "ცოდვის საზღაური სიკვდილია" (რომაელთა 6:23), რომელიც სჯის დამნაშავეს და ასევე არსებობს წესი, რომელსაც შეუძლია ჩვენი ცოდვებიდან გამოსყიდვა. ზუსტად ამიტომ ღმერთმა გამოიყენა წესი, რომ გამოვესყიდეთ ჩვენ ცოდვებისგან, რათა აღედგინა ძალაუფლება, რომელიც გადაეცა ეშმაკს ადამის დაუმორჩილებლობის შედეგად.

რა იყო წესი, რომლითაც ადამიანები გამოისყიდებოდნენ ცოდვებისგან და აღდგებოდა ის ძალაუფლება, რომელიც ადამმა გადასცა ეშმაკს? "მიწის გამოსყიდვის წესის" თანახმად, ღმერთმა მოამზადა ხსნის გზა ადამიანთა მოდგმისთვის.

იესო ქრისტე შესაფერისია მიწის გამოსყიდვის კანონის თანახმად

ღმერთმა ისრაელიტებს მისცა "მიწის გამოსყიდვის კანონი," რომელიც აცხადებდა, რომ

მიწა სამუდამოდ არ უნდა გაყიდულიყო და თუ კი ადამიანი გაღატაკდებოდა და გაჰყიდიდა თავის მიწას, მის ახლო ნათესავს ან თვითონ შეეძლო მიწის გამოსყიდვა, ამგვარად მიწის მფლობელობის აღდგენა (ლევიანნი 25:23-28).

ღმერთმა წინასწარ იცოდა, რომ ადამი ძალაუფლებას ეშმაკს გადასცემდა თავისი დაუმორჩილებლობით. გარდა ამისა, როგორც სამყაროში ყველაფრის ჭეშმარიტი და თავდაპირველი მფლობელი, ღმერთმა ეშმაკს გადასცა ძალაუფლება და დიდება, რომელიც ადამს ჰქონდა, როგორც საჭირო იყო სულიერი სამეფოს კანონის თანახმად. ზუსტად ამიტომ, როდესაც ეშმაკმა სცადა იესოს შეცდენა ლუკა 4-ში სამყაროს სამეფოების ჩვენებით, მას შეეძლო იესოსთვის თქმა, "მოგცემ შენ ყოველივე ამის ხელმწიფებას და დიდებას, ვინაიდან მე მაქვს მოცემული, და ვისაც მინდა, მას მივცემ" (ლუკა 4:6-7).

მიწის გამოსყიდვის კანონის თანახმად, ყველა მიწა ეკუთვნის ღმერთს. ამგვარად, ადამიანს არ შეუძლია მათი სამუდამოდ გაყიდვა და როდესაც ადამიანი მივა, რომელსაც შესაფერისი შესაძლებლობები აქვს, გაყიდული მიწა უნდა დაუბრუნდეს ამ ადამიანს. ანალოგიურად, სამყაროში ყველაფერი ეკუთვნის ღმერთს, ამიტომ ადამს არ შეეძლო მათი სამუდამოდ "გაყიდვა" და

არც ეშმაკს შეეძლო მათი სამუდამოდ ქონა. ამგვარად, როდესაც ადამიანი გამოჩნდა, რომელსაც შეეძლო ადამის დაკარგული ძალაუფლების გამოსყიდვა, ეშმაკს არ ჰქონდა სხვა გზა და დანებდა ძალაუფლებას, რომელიც ადამისგან ჰქონდა მიღებული.

დროის დაწყებამდე, სამართლიანობის ღმერთმა მოამზადა უცოდველი ადამიანი, რომელიც მიწის გამოსყიდვის კანონის თანახმად, შესაფერისი იყო და ადამიანთა მოდგმის ხსნის გზა არის იესო ქრისტე.

მაშინ, მიწის გამოსყიდვის კანონის თანახმად, როგორ შეეძლო იესო ქრისტეს იმ ძალაუფლების აღდგენა, რომელიც ეშმაკს ჰქონდა? მხოლოდ მაშინ შეეძლო იესოს ადამიანთა მოდგმის ცოდვებისგან გამოსყიდვა და ძალაუფლების დაბრუნება, როდესაც შემდეგ ოთხ საჭიროებას დააკმაყოფილებდა.

პირველი, გამომსყიდველი უნდა იყოს კაცი, ადამის "ახლო ნათესავი."

ლევიანნი 25:25 გვეუბნება, "თუ შენი მოძმე გაღარიბდება და თავის სამკვიდრებელს გაჰყიდის, მივიდეს მისი ახლო ნათესავი და გამოისყიდოს თავისი მოძმის გაყიდული." რადგან "ახლო ნათესავს" შეეძლო მიწის გამოსყიდვა, რომ ადამის მიერ დაკარგული ძალაუფლება აღედგინა, ეს "ახლო ნათესავი" უნდა იყოს კაცი. 1 კორინთელთა 15:21-22-

ში წერია, "ვინაიდან როგორც კაცის მიერ იქმნა სიკვდილი, ასევე კაცის მიერ - მკვდრეთით აღდგომაც. და როგორც ადამში კვდებიან ყველანი, ისე ქრისტეში იცოცხლებს ყველა." სხვა სიტყვებით რომ ვთქვათ, როგორც სიკვდილი შევიდა ერთი ადამიანის დაუმორჩილებლობით, მკვდარი სულის აღდგომა უნდა მოხდეს ერთი ადამიანის მიერ.

იესო ქრისტე არის "სიტყვა [რომელიც] გახდა ხორცი" და მოვიდა დედამიწაზე (იოანე 1:14). იგი არის ღმერთის ძე, დაბადებული ხორცში ღვთაებრივი და ადამიანური ბუნებით. გარდა ამისა, მისი დაბადება არის ისტორიული ფაქტი და არსებობს მრავალი მტკიცებულება, რომელიც ამ ფაქტს ამტკიცებს. განსაკუთრებით, ადამიანთა მოდგმის ისტორია აღინიშნება როგორც "ქრისტეს შობამდე" და "ქრისტეს შობიდან".

რადგან იესო ქრისტე სამყაროში ხორცში მოვიდა, იგი არის ადამის "ახლო ნათესავი" და აკმაყოფილებს პირველ მოთხოვნას.

მეორე, გამომსყიდველი არ უნდა იყოს ადამის შთამომავალი.

ადამიანმა სხვები ცოდვებისგან რომ გამოისყიდოს, იგი თვითონ არ უნდა იყოს ცოდვილი. ადამის, რომელიც თვითონ გახდა ცოდვილი დაუმორჩილებლობის გამო, ყველა

შთამომავალი ცოდვილია. ამგვარად, მიწის გამოსყიდვის კანონის თანახმად, გამომსყიდველი არ უნდა იყოს ადამის შთამომავალი.

აპოკალიფსი 5:1-3-ში წერია:

და ვიხილე ტახტზე მჯდომარის მარჯვენაში წიგნი, შიგნიდან და გარედან ნაწერი და შვიდი ბეჭდით დაბეჭდილი. და ვიხილე ანგელოზი ძლიერი, ხმამაღლა რომ ღაღადებდა: ვინ არის ღირსი იმისა, რომ გადაშალოს ეს წიგნი და ბეჭედი ახსნას? ვერც ცაში, ვერც მიწაზე და ვერც მიწის ქვეშ ვერავინ შესძლო გაეშალა ეს წიგნი და შიგ ჩაეხედა.

აქ, წიგნი "შვიდი ბეჭდით დაბეჭდილი" ეხება კონტრაქტს ღმერთსა და ეშმაკს შორის ადამის დაუმორჩილებლობის შემდეგ და ის, რომელიც "არის ღირსი იმისა, რომ გადაშალოს ეს წიგნი და ბეჭედი ახსნას" უნდა იყოს შესაფერისი მიწის გამოსყიდვის კანონის თანახმად. როდესაც იოანე მოციქულმა მიიხედ-მოიხედა რომ დაენახა ის, ვინც წიგნს გადაშლიდა და მის ბეჭედს ახსნიდა, მან ვერავინ იპოვნა.

იოანემ აიხედა ზეცაში და იქ იყვნენ ანგელოზები, მაგრამ არა ადამიანები. მან დაიხედა დედამიწაზე და მხოლოდ ადამის შთამომავლები, ცოდვილები დაინახა. მან დედამიწის ქვეშ ჩაიხედა და მხოლოდ

ცოდვილები დაინახა ჯოჯოხეთში, რომლებიც ეშმაკს ეკუთვნოდნენ. იოანე ტიროდა და ტიროდა, რადგან არავინ იყო შესაფერისი მიწის გამოსყიდვის კანონის თანახმად (სტროფი 4).

შემდეგ, ერთ-ერთმა უხუცესმა დაამშვიდა იოანე და უთხრა მას, "ნუ სტირი; აჰა, იმძლავრა ლომმა, იუდას ტომიდან, დავითის ფესვმა, რომელიც გადაშლის ამ წიგნს და შვიდ ბეჭედს ახსნის მას" (სტროფი 5). აქ, "ლომმა, იუდას ტომიდან, დავითის ფესვმა" გულისხმობს იესოს, რომელიც იუდას ტომიდანაა და დავითის სახლიდან; იესო ქრისტე შესაფერისია იყოს გამომსყიდველი მიწის გამოსყიდვის კანონის თანახმად.

მათე 1:18-21-ში ჩვენ ვკითხულობთ უფლის დაბადების შესახებ:

"ხოლო იესო ქრისტეს შობა ასე მოხდა: დედამისი მარიამი დანიშნული იყო იოსებზე, და მათ შეერთებამდე აღმოჩნდა, რომ მუცლად ეღო სული წმიდისაგან. ხოლო იოსები, მისი ქმარი, მართალი იყო, არ უნდოდა მისი შერცხვენა და განიზრახა ფარულად გაეშვა იგი. ეს რომ დააპირა, აჰა, ანგელოზი უფლისა ეჩვენა სიზმრად და უთხრა: იოსებ, დავითის ძეო, ნუ შიშობ მოიყვანო მარიამი, ცოლი შენი: რადგან ვინც მასში ჩასახულია, სული წმიდისაგან არის. და შობს ძეს და უწოდებ სახელად

იესოს, რადგან ის იხსნის თავის ხალხს მათი ცოდვებისაგან."

მიზეზი იმისა, თუ რატომ მოვიდა ღმერთის ერთადერთი ძე იესო ქრისტე ამ სამყაროში ხორცად (იოანე 1:14) ქალწული მარიამის მუცლიდან, არის ის, რომ იესო უნდა ყოფილიყო ადამიანი, მაგრამ არა ადამის შთამომავალი, რათა შესაფერისი ყოფილიყო მიწის გამოსყიდვის კანონის თანახმად.

მესამე, გამომსყიდველს უნდა ჰქონდეს ძალა.

წარმოიდგინეთ უმცროსი ძმა გაღატაკდა და გაყიდა თავისი მიწა და მის უფროს ძმას სურს მიწის გამოსყიდვა თავისი ძმისთვის. მაშინ, უფროს ძმას უნდა ჰქონდეს საკმარისი საშუალებები მიწა უკან შეისყიდოს (ლევიანნი 25:26). მსგავსად, თუ კი უმცროსი ძმა დიდ ვალებშია და მის უფროს ძმას სურს მისი ვალების გადახდა, უფროსი ძმა ამას მხოლოდ მაშინ შეძლებს, როდესაც "საკმარისი საშუალებები ექნება", და არა მარტო კეთილი განზრახვა.

ანალოგიურად, იმისათვის, რომ ცოდვილი ადამიანი სამართლიან ადამიანად გახადო, "საკმარისი საშუალებები ან ძალა არის საჭირო. აქ, ძალა მიწის გამოსასყიდად გულისხმობს ძალას, რომ ადამიანები ცოდვებისგან განთავისუფლდნენ. სხვა

სიტყვებით რომ ვთქვათ, ადამიანთა გამომსყიდველს, რომელიც შესაფერისია მიწის გამოსყიდვის კანონის თანახმად, არ უნდა ჰქონდეს ცოდვები.

რადგან იესო ქრისტე არ არის ადამის შთამომავალი, მას არ აქვს თავდაპირველი ცოდვა. მას არც თვით-ჩადენილი ცოდვა არ აქვს, რადგან თავისი ცხოვრების განმავლობაში დედამიწაზე, იგი რჯულს იცავდა. დაბადებიდან მეშვიდე დღეს იგი წინდაიცვეთა და მის სამ წლიან სამღვდელოებამდე, იესო მთლიანად ემორჩილებოდა და უყვარდა თავისი მშობლები და ერთგულად იცავდა ყველა მცნებას.

ზუსტად ამიტომ გვეუბნება ებრაელთა 7:26, "სწორედ ასეთი მღვდელმთავარი გვშვენოდა: წმინდა, უმანკო, უმწიკვლო, ცოდვილთაგან განრიდებული და ზეცათა უზენაესი." 1 პეტრე 2:22-23-ში ვკითხულობთ, "არც შეუცოდავს და არც დასჩენია ზაკვა მის ბაგეს, ვისაც ჰგმობდნენ და სანაცვლოდ არავის ჰგმობდა, აწამებდნენ და არ იმუქრებოდა, არამედ თავის თავს ანდობდა მართლად გამკითხეს."

მეოთხე, გამომსყიდველს უნდა ჰქონდეს სიყვარული.

მიწის გამოსყიდვა რომ მოხერხდეს, ზემოთ მოყვანილი სამი პირობის გარდა, სიყვარულია საჭირო. სიყვარულის გარეშე, უფროსი ძმა, რომელსაც შეუძლია თავისი უმცროსი ძმისთვის მიწა გამოისყიდოს, იგი არ გააკეთებს ამას. მაშინაც კი, თუ უფროსი ძმა ყველაზე მდიდარი ადამიანია, როდესაც უმცროს ძმას ასტრონომიული რაოდენობის ვალი აქვს, სიყვარულის გარეშე უფროსი ძმა არ დაეხმარებოდა უმცროს ძმას. რა სიკეთეს მოუტანდა უმცროს ძმას უფროსი ძმის სიმდიდრე და ძალაუფლება?

რუთი 4-ში არის ბოყაზის ამბავი, რომელმაც კარგად იცოდა ვითარება, რომელშიც ნაყომი იმყოფებოდა. როდესაც ბოყაზმა ჰკითხა "ახლო ნათესავს" ნაყომის მემკვიდრეობა გამოესყიდა, ახლო ნათსავმა მიუგო, "ვერ ვუნათესავებ. ვაითუ, ჩემი სამკვიდრო დავაზარალო. შენ შეასრულე ჩემი უფლება ნათესაობისა, რადგან მე არ შემიძლია, რომ ვუნათესავო" (სტროფი 6). შემდეგ ბოყაზმა გამოისყიდა ნაყომის მიწა. შედეგად ბოყაზი დაილოცა ყოფილიყო დავითის წინაპარი.

იესო, რომელიც ხორცად მოვიდა ამ სამყაროში, არ იყო ადამის შთამომავალი, რადგან იგი ჩაისახა სული წმინდით და არ ჩაუდენია ცოდვა. მაშასადამე,

მას "საკმარისი საშუალებები" ჰქონდა ჩვენს გამოსასყიდად. თუმცა, თუ კი იესოს სიყვარული არ ექნებოდა, იგი ვერ გაუძლებდა ჯვარცმის წამებას. მაგრამ, იესო იმდენად იყო სიყვარულით სავსე, რომ იგი ჯვარს აცვეს უბრალო არსებებმა, დაღვარა თავისი სისხლი და გამოისყიდა ადამიანთა მოდგმა და ასე გახსნა ხსნის გზა. ეს არის ჩვენი მამა ღმერთის და იესო ქრისტეს თავგანწირვის განუზომელი სიყვარულის შედეგი.

მიზეზი იმისა, თუ რატომ დაკიდეს იესო ხეზე

რატომ აცვეს იესო ხის ჯვარზე? ეს იმიტომ მოხდა, რომ დაეკმაყოფილებინა სულიერი სამყაროს კანონი, რომელიც აცხადებს, რომ "ქრისტემ გამოგვისყიდა რჯულის წყევლისაგან და თვითონ დაიწყევლა ჩვენთვის: რადგანაც დაწერილია: „წყეულია ყველა, ვინც ჰკიდია ძელზე" (გალათელთა 3:13). იესო ჩვენს მაგივრად დაკიდეს ხეზე, რათა ჩვენ, ცოდვილები გამოვესყიდეთ "რჯულის წყევლისაგან."

ლევიანნი 17:11 გვეუბნება, "რადგან სისხლშია ხორციელის სული. მე დაგიწესეთ იგი სამსხვერპლოსთვის თქვენი სულის შესანდობლად, რადგან სისხლია, რომ შეუნდობს სულს." ებრაელთა 9:22-ში წერია, "ასე რომ, რჯულის მიხედვით,

თითქმის ყველაფერი სისხლით განიწმიდება, და სისხლის დათხევის გარეშე არ არსებობს მიტევება." სისხლი არის სიცოცხლე, რადგან "არ არსებობს მიტევება" სისხლის დაღვრის გარეშე. იესომ დაღვარა თავისი უცოდველი და ძვირფასი სისხლი, რათა ჩვენ კიდევ ერთხელ მიგვეღო სიცოცხლე.

გარდა ამისა, მისი ჯვარზე წამებით, მორწმუნეები განთავისუფლდნენ ავადმყოფობების, თანდაყოლილი ნაკლების და სიღარიბის წყევლისგან. რადგან იესო დედამიწაზე სიღარიბეში ცხოვრობდა, მან მოაგვარა ჩვენი სიღარიბის პრობლემა. რადგან იესო გაამათრახეს, ჩვენ განვთავისუფლდით ავადმყოფობებისგან. რადგან იესოს ეკლებიანი გვირგვინი დაადგეს, მან გამოგვისყიდა ცოდვებისგან, რომლებიც ფიქრებში ჩავიდინეთ. რადგან იესო ჯვარზე ლურსმნებით მიაჭედეს ფეხებითა და ხელებით, მან გამოგვისყიდა ჩვენი ყველა ცოდვისგან, რომლებიც ხელებით და ფეხებით გვქონდა ჩადენილი.

უფალში რწმენა არის ჭეშმარიტებაში შეცვლა

ადამიანები, რომლებსაც ჭეშმარიტად ესმით ჯვრის განგება და სწამთ გულის სიღრმიდან, განდევნიან თავიანთ ცოდვებს და ღმერთის ნების თანახმად იცხოვრებენ. როგორც იესო გვეუბნება

იოანე 14:23-ში, "ვისაც ვუყვარვარ, დაიცავს ჩემს სიტყვას, და მამაჩემი შეიყვარებს მას: ჩვენც მივალთ და მასთან დავივანებთ," ასეთი ადამიანები მიიღებენ ღმერთის სიყვარულს.

მაშინ ადამიანები, რომლებიც აღიარებენ თავიანთ რწმენას უფალში, რატომ არ იღებენ პასუხებს ლოცვებზე და გულის ტკივილსა და გაჭირვებაში ცხოვრობენ? ეს იმიტომ, რომ მაშინაც კი, როდესაც ისინი ამბობენ რომ ღმერთის სწამთ, ღმერთი მათ რწმენას არ აღიარებს ჭეშმარიტ რწმენად. ეს იმას ნიშნავს, რომ მიუხედავად იმისა, რომ ღმერთის სიტყვა აქვთ გაგონილი, ისინი არ ინანიებენ ცოდვებს და არ იცვლებიან ჭეშმარიტებაში.

მაგალითად, არსებობს მრავალი მორწმუნე, რომლებიც არ ემორჩილებიან ათ მცნებას, ქრისტეში ცხოვრების საფუძვლებს. ასეთმა ადამიანებმა იციან მცნება "გახსოვდეს შაბათი დღე, რომ წმიდა ჰყო იგი." მაგრამ, ისინი მხოლოდ ესწრებიან დილის ლოცვებს ან ამასაც არ აკეთებენ და საკუთარ საქმეს აკეთებენ უფლის დღეს. მათ იციან, რომ საეკლესიო გადასახადი უნდა გადაიხადონ, მაგრამ რადგან ფული მათთვის ასეთი მნიშვნელოვანია, ამას არ აკეთებენ. როდესაც ღმერთმა განსაკუთრებით გვითხრა, რომ საეკლესიოს გადასახადის არ გადახდა მისი "გაქურდვაა", როგორ შეუძლიათ მათ

პასუხები და წყალობები მიიღონ (მალაქია 3:8)?

ასევე არსებობენ მორწმუნეები, რომლებსაც არ ავიწყდებათ სხვების შეცდომები. ისინი ბრაზდებიან და იფიქრებენ გეგმას, რომ სიბოროტე უკან გადაუხადონ. ზოგი ადამიანი დაპირებებს აკეთებს და შემდეგ არ ასრულებენ, როდესაც სხვები ხალხს კიცხავენ და წუწუნებენ, ზუსტად როგორც ამქვეყნიური ადამიანები აკეთებენ. როგორ შეიძლება ითქვას, რომ მათ ჭეშმარიტი რწმენა აქვთ?

თუ ჩვენ გვაქვს ჭეშმარიტი რწმენა, ჩვენ უნდა ვეცადოთ, რომ ყველაფერი ღმერთის ნების თანახმად გავაკეთოთ, თავი ავარიდოთ ბოროტებას და დავემსგავსოთ ჩვენს უფლას, რომელმაც საკუთარი სიცოცხლე გასწირა ჩვენთვის, ცოდვილებისთვის. ასეთ ადამიანებს შეუძლიათ მიტევება და სიყვარული იმ ადამიანებისა, რომლებსაც ეზიზღებათ და ტკივილს აყენებენ მას.

როდესაც საკუთარ ბრაზს განდევნი, შენ გარდაიქმნები კეთილ ადამიანად, რომლის ტუჩებიც მხოლოდ სიკეთის და თბილ სიტყვებს იღაღადებს. თუ კი შენ ნებისმიერ სიტუაციაში ჩიოდი ადრე, ჭეშმარიტი რწმენით შენ მადლიერი იქნები ყველა ვითარებაში და გაუზიარებ შენ გვერდზე მყოფ ადამიანებს შენს წყალობას.

თუ ჩვენ ჭეშმარიტად გვწამს ჩვენი უფალის, თითოეული ჩვენთაგანი უნდა დაემსგავსოს მას და

იცხოვროს გარდაქმნილი ცხოვრებით. ამ გზით მიიღებთ ღმერთისგან პასუხებს და წყალობებს.

ებრაელთა 12:1-2 გვეუბნება:

ამიტომ ჩვენც, რაკიღა ღრუბელივით გარს გვახვევია ესოდენ მრავალი მოწმე, ჩამოვიშოროთ ყოველგვარი სიმძიმე თუ ხელ-ფეხ შემკვრელი ცოდვა და მოთმინებით გავლიოთ ჩვენს წინაშე მდებარე სარბიელი. თვალი მივაპყროთ იესოს, რწმენის წინამძღვარსა და სრულმყოფს, მის წინაშე მდებარე სიხარულის წილ რომ დაითმინა ჯვარი, უგულებელყო სირცხვილი და დაჯდა ღვთის ტახტის მარჯვნივ.

გარდა იმ მრავალი რწმენის წინაპრებისა, რომლებსაც ბიბლიაში ვნახულობთ, ჩვენს გარშემომ მყოფთა შორის, არის მრავალი ადამიანი, რომლებმაც მიიღეს ხსნა და წყალობები უფალში რწმენით.

როგორც "მოწმეთა დიდი ღრუბელი," დაე გვქონდეს ჭეშმარიტი რწმენა! განვდევნოთ ყველაფერი, რაც ხელს გვაფერხებს და ცოდვა, რომელიც გვაბრკოლებს და ვეცადოთ დავემსგავსოთ ჩვენს უფალს! მხოლოდ მაშინ, როგორც იესო გვპირდება იოანე 15:7-ში, "თუ დარჩებით ჩემში და ჩემი სიტყვები დარჩება

თქვენში, ყველაფერი, რასაც ისურვებთ, ითხოვეთ და გექნებათ," თითოეული ჩვენთაგანი ისეთი ცხოვრებით იცხოვრებს, რომელიც სავსეა პასუხებითა და კურთხევებით.

თუ შენ არ ცხოვრობ ასეთი ცხოვრებით, გადახედე შენს წარსულს, გახიე შენი გული და მოინანიე ის, რომ სწორად არ გწამდა უფლის და იცხოვრე მხოლოდ ღმერთის სიტყვის თანახმად.

და ე თითოეულ თქვენთაგანს გქონდეთ ჭეშმარიტი რწმენა, გამოცადოთ ღმერთის ძალა, და ადიდოთ იგი თქვენი პასუხებით და წყალობებით, მე ვლოცულობ იესო ქრისტეს სახელით!

აღთქმა 3

ჭურჭელი, რომელიც ძვირფას ქვაზე უფრო ლამაზია

2 ტიმოთე 2:20-21

დიდ სახლში ჭურჭელი
არა მარტო ოქრო-ვერცხლისაა,
არამედ ხისა და თიხისაც,
ზოგი საპატიოდ, ზოგი კი უპატიოდ სახმარი.
ვინც ყოველივე ამისაგან განიწმენდს თავს,
საპატიო ჭურჭელი იქნება,
განწმენდილი, უფლისთვის სასურველი,
ყოველი კეთილი საქმისთვის გამზადებული

ღმერთმა შექმნა ადამიანთა მოდგმა, რათა ჭეშმარიტი შვილები მიეღო, რომლებსაც თავის ჭეშმარიტ სიყვარულს გაუზიარებდა. მაინც, ადამიანებმა ცოდვა ჩაიდინეს, მათი შექმნის ჭეშმარიტი მნიშვნელობის გზას აცდნენ და გახდნენ ეშმაკის და სატანის მონები (რომაელთა 3:23). თუმცა, სიყვარულის ღმერთი არ თმობს ჭეშმარიტი შვილების მიღების მიზანს. მან გახსნა ხსნის გზა ადამიანებისთვის, რომლებიც ცოდვის გზას ადგნენ. ღმერთმა თავისი ერთადერთი ძის, იესოს ჯვარცმა დაუშვა, რათა ადამიანები ცოდვებისგან გამოესყიდა.

ამ გასაოცარი სიყვარულით და დიდი მსხვერპლით, ყველასთვის, ვისაც იესო ქრისტესი სწამს, ხსნის გზა გაიხსნა. ყველას, ვისაც გულით სწამს, რომ იესო მოკვდა და აღსდგა საფლავიდან და ვინც აღიარებს თავისი პირით, რომ იესო მისი მხსნელია, მიეცემა უფლება გახდეს ღმერთის შვილი.

ღმერთის მოსიყვარული შვილებიმიმსგავსებული "ჭურჭელთან"

როგორც 2 ტიმოთე 2:20-21-ში წერია, "დიდ სახლში ჭურჭელი არა მარტო ოქრო-ვერცხლისაა, არამედ ხისა და თიხისაც, ზოგი საპატიოდ, ზოგი კი

უპატიოდ სახმარი. ვინც ყოველივე ამისაგან განიწმენდს თავს, საპატიო ჭურჭელი იქნება, განწმენდილი, უფლისთვის სასურველი, ყოველი კეთილი საქმისთვის გამზადებული," ჭურჭლის დანიშნულება არის ის, რომ რაიმე დაიტიოს. ღმერთი თავის შვილებს ამსგავსებს "ჭურჭელს", რადგან მათში მას შეუძლია თავისი სიყვარულის და წყალობის ავსება და მისი სიტყვა, რომელიც ჭეშმარიტებაა და ასევე მისი ძალაუფლება. აქედან გამომდინარე, ჩვენ უნდა გავაცნობიეროთ, რომ იმაზე დამოკიდებული, თუ როგორ ჭურჭელს მოვამზადებთ, ჩვენ ვისიამოვნებთ ველანაირი საჩუქრებით და კურთხევებით, რომლებიც ღმერთს ჩვენთვის აქვს მომზადებული.

მაშინ როგორი ჭურჭელია თითოეული ადამიანი, რომლებსაც შეუძლიათ ღმერთის მომზადებული კურთხევების დატევა? ეს არის ჭურჭელი, რომელსაც ღმერთი მიიჩნევს ძვირფასად, კეთილშობილად და ლამაზად.

პირველი, "ძვირფასი" ჭურჭელი არის ის, რომელიც სრულყოფილად ასრულებს ღმერთის მიცემულ მოვალეობას. იოანე ნათლისმცემელი, რომელმაც უფალი იესოსთვის გზა მოამზადა და მოსე, რომელიც ისრაელიტებს ეგვიპტისკენ წარუძღვა, ეკუთვნიან ამ კატეგორიას.

შემდეგი, "კეთილშობილი" ჭურჭელი არის ის, რომელსაც აქვს პატიოსნება, გულმართლობა, სიმტკიცე და ერთგულება, რაც იშვიათია

ჩვეულებრივ ადამიანებში. იოსები და დანიელი, რომლებიც იყვნენ ძლიერი ქვეყნების პრემიერ მინისტრი და ადიდეს ღმერთი, ეკუთვნიან ამ კატეგორიას.

და ბოლოს, "ლამაზი" ჭურჭელი ღმერთის თვალში არის ადამიანი კეთილი გულით, რომელიც არასოდეს კამათობს ან ილანძღება და იღებს ჭეშმარიტებას და შემწყნარებელია. ესთერი, რომელმაც თავისი თანამემამულე გადაარჩინა და აბრაამი, რომელსაც ღმერთის "მეგობარი ეწოდა," შედიან ამ კატეგორიაში.

"ჭურჭელი, რომელიც ძვირფასი ქვაზე უფრო ლამაზია" არის ადამიანი, რომელსაც აქვს შესაძლებლობები იყოს ძვირფასი, კეთილშობილი და ლამაზი. ქვებში დამალული ძვირფასი ქვა ადვილად შესამჩნევია. ანალოგიურად, ყოველი ღმერთის ადამიანი, რომელიც ძვირფას ქვაზე უფრო ლამაზია, უდავოდ შესამჩნევია.

ძვირფასი ქვების უმრავლესობა ძვირია მათი სიდიდის გამო, მაგრამ სიკაშკაშე და მათი სხვადასხვა, მაგრამ განსაკუთრებული ფერები, სილამაზით ხალხს იზიდავს. თუმცა, ყველა მოკაშკაშე ქვა არ ითვლება ძვირფას ქვად. ნამდვილ ძვირფას ქვებს ასევე უნდა ჰქონდეთ ფერები და სიმკრთალე, ასევე ფიზიკური სიმყარე. აქ, "ფიზიკური სიმყარე" გულისხმობს მასალის უნარს, რომ გაუძლოს სიცხეს, არ დაბინძურდეს სხვა ნივთიერებებთან კონტაქტისას და შეინარჩუნოს

ფორმა. კიდევ ერთი მნიშვნელოვანი ფაქტორი იშვიათობაა.

თუ კი არსებობს საუცხოო სიკაშკაშის ჭურჭლი, ფიზიკური სიმყარით და იშვიათობით, როგორი ძვირფასი, კეთილშობილი და ლამაზი იქნება ეს ჭურჭელი? ღმერთს სურს, რომ მისი შვილები გახდნენ ჭურჭლები, რომლებიც ძვირფას ქვებზე უფრო ლამაზები არიან და სურს, რომ მათ კურთხეული ცხოვრებით იცხოვრონ. როდესაც ღმერთი ასეთ ჭურჭელს აღმოაჩენს, იგი უხვად ლოცავს მათ თავისი სიყვარულით.

როგორ უნდა გავხდეთ ჭურჭელი, რომელიც ძვირფას ქვაზე უფრო ლამაზია ღმერთის თვალში?

პირველი, შენ უნდა მიაღწიო შენი გულის განწმენდას ღმერთის სიტყვით, რომელიც თვით ჭეშმარიტებაა.

იმისათვის, რომ ჭურჭელი გამოყენებულ იქნას მისი თავდაპირველი დანიშნულების თანახმად, უპირველეს ყოვლისა უნდა იყოს სუფთა. ძვირი ოქროს ჭურჭელიც კი არ შეიძლება გამოყენებულ იქნას, როდესაც გაჭუჭყიანებულია და ცუდი სუნი ასდის. მხოლოდ მაშინ, როდესაც ეს ძვირი ოქროს ჭურჭელი წყლით გაირეცხება, შემდეგ შეიძლება მისი გამოყენება.

იგივე წესი ეხება ღმერთის შვილებს. მისი

შვილებისთვის, ღმერთმა მოამზადა მრავალი კურთხევა და სხვადასხვა საჩუქრები, სიმდიდრე და ჯანმრთელობა და ასე შემდეგ. იმისათვის, რომ ჩვენ მივიღოთ ეს კურთხევები და საჩუქრები, ჩვენ პირველ რიგში საკუთარი თავები უნდა მოვამზადოთ როგორც სუფთა ჭურჭლები.

იერემია 17:9-ში ვკითხულობთ, "უნდოა ყველას გული და უკურნებელი, ვინ შეიცნობს მას?" ასევე მათე 15:18-19-ში იესო ამბობს, "ხოლო პირით გამომავალი გულიდან გამოდის და სწორედ ის ბილწავს კაცს. ვინაიდან გულიდან გამოვლენ: უკეთური ზრახვანი, კაციკვლანი, მრუშობანი, სიძვანი, პარვანი, ცილისწამებანი, გმობანი." ამგვარად, მხოლოდ მას შემდეგ, რაც ჩვენს გულებს გავსმენდთ, ჩვენ გავხდებით სუფთა ჭურჭლები. როდესაც სუფთა ჭურჭლები გავხდებით, არცერთ ჩვენთაგანს აღარ ექნება "ბოროტი აზრები", აღარ ვიტყვით ბოროტ სიტყვებს ან არ აღარ ჩავიდენთ ბოროტებებს.

ჩვენი გულების განწმენდა შესაძლებელია მხოლოდ სულიერი წყლით, ღმერთის სიტყვით. ზუსტად ამიტომ იგი მოგვიწოდებს ეფესელთა 5:26-ში, "რათა სიწმიდით შეემოსა, მას შემდეგ, რაც განწმინდა წყლის საბანელით და სიტყვით," და ებრაელთა 10:22-ში იგი თითოეულ ჩვენთაგანს გვამხნევებს, "მივეახლოთ მას წრფელი გულითა და რწმენის სისრულით, უკეთური სინიდისისაგან

სხურებით გულგაწმენდილნი და სუფთა წყლით ტანგაბანილნი."

მაშინ როგორ გვწმენდს სულიერი წყალი, ღმერთის სიტყვა? ჩვენ უნდა დავემორჩილოთ ბიბლიის 66 წიგნში ჩაწერილ მცნებებს, რომლებიც ჩვენს გულებს "წმენდს". ისეთ მცნებებზე დამორჩილება, როგორებიც არის "არ გააკეთო" ან "განდევნე", ჩვენ საბოლოოდ განვდევნით ყველანაირ ბოროტებას და ცოდვებს.

იმ ადამიანების ქცევა, რომლებმაც საკუთარი გულები განწმინდეს მისი სიტყვით, ასევე შეიცვლება და გააბრწყინებს იესოს სინათლეს. თუმცა, სიტყვაზე დამორჩილების მიღწევა არ ხერხდება მხოლოდ ადამიანის საკუთარი ძალით და ნებისყოფით, სული წმინდა უნდა წარუძღვეს მას და დაეხმაროს.

როდესაც ჩვენ გვესმის მისი სიტყვა და ვიგებთ, ვაღებთ ჩვენს გულებს და ვიღებთ იესოს ჩვენს მხსნელად, ღმერთი საჩუქრად გვაძლევს სული წმინდას. სული წმინდა ცხოვრობს იმ ადამიანებში, რომლებიც იღებენ იესო ქრისტეს თავიანთ მხსნელად და ეხმარება მათ ჭეშმარიტების სიტყვა გაიგონ. ბიბლია გვეუბნება, რომ "ხორცის მიერ შობილი ხორცია და სულის მიერ შობილი - სული" (იოანე 3:6). ღმერთის შვილებს, რომლებიც სული წმინდას იღებენ საჩუქრად, შეუძლიათ ცოდვები და ბოროტება განდევნონ სული წმინდის ძალით და გახდნენ სულიერი ადამიანები.

არის რომელიმე თქვენთაგანი, რომელიც შეწუხებულია და ნერვიულობს, ფიქრობს, "როგორ უნდა დავიცვა ეს ყველა მცნება?"

1 იოანე 5:2-3 შეგვახსენებს, "იმით შევიცნობთ, რომ გვიყვარს ღვთის შვილნი, თუ გვიყვარს ღმერთი და ვიმარხავთ მის მცნებებს. ვინაიდან ღვთის სიყვარული ისაა, რომ ვიმარხავდეთ მის მცნებებს; მისი მცნებები კი მძიმე როდია." თუ კი შენ ღმერთი გულის სიღრმიდან გიყვარს, მისი მცნებებზე დამორჩილება არ იქნება ძნელი.

როდესაც მშობლებს შვილები უჩნდებათ, ისინი უზრუნველყოფენ ყველაფერს თავიანთი შვილებისთვის კვების, ტანსაცმლის და ბანაობის ჩათვლით. ერთის მხრივ, როდესაც მშობლები იმ ბავშვს უვლიან, რომელიც მათი შვილი არ არის, ეს შეიძლება იყოს დამამძიმებელი მათთვის. მეორეს მხრივ, თუ კი მშობლები საკუთარ შვილს უვლიან, ეს არასოდეს იქნება დამამძიმებელი. მაშინაც კი, როდესაც შვილი შუა ღამეს ტირილით იღვიძებს, მშობლები თავს შეწუხებულად არ გრძნობენ; მათ უბრალოდ ძალიან უყვართ თავიანთი შვილი. რაიმეს გაკეთება საყვარელი ადამიანისთვის არის დიდი სიხარული და ბედნიერება; ეს არ არის რთული ან შემაწუხებელი რამ. ანალოგიურად, თუ ჩვენ ჭეშმარიტად გვწამს, რომ ღმერთი არის ჩვენი სულების მამა და მის განუზომელ სიყვარულში, მან შემოგვწირა თავისი ერთადერთი ძე, როგორ

შეიძლება რომ იგი არ გვიყვარდეს? გარდა ამისა, თუ ჩვენ გვიყვარს ღმერთი, მისი სიტყვით ცხოვრება არ იქნება ძნელი. პირიქით, ის იქნება ძნელი და აუტანელი, როდესაც მისი სიტყვის თანახმად არ ვიცხოვრებთ ან არ დავემორჩილებით მის ნებას.

შვიდი წლის განმავლობაში სხვადასხვა დაავადებით ვიტანჯებოდი, სანამ ჩემმა დამ არ მიმიყვანა ღმერთის ტაძრამდე. სული წმინდის ცეცხლის მიღებით და ჩემი ყველა დაავადების განკურნებით, როდესაც ტაძარში დავიჩოქე, მე შევხვდი ცოცხალ ღმერთს. ეს იყო 1974 წლის 17 აპრილი. აქედან მოყოლებული მე დავიწყე ყველა სერვისზე სიარული, რადგან ღმერთის წყალობის მადლიერი ვიყავი. ამავე წლის ნოემბერში, მე დავესწარი პირველ ქადაგების შეკრებას, წსადაც დავიწყე მისი სიტყვის სწავლა, ადამიანის ქრისტეში ცხოვრების საფუძვლების:

"ასეთი ღმერთი!"
"მე ყველა ცოდვა უნდა განვდევნო."
"ეს ხდება, როდესაც მე მწამს!"
"მე უნდა შევწყვიტო მოწევა და დალევა."
"შეუჩერებლად უნდა ვილოცო."
"ეკლესიის გადასახადის
გადახდა სავალდებულოა,
და მე ღმერთის წინაშე ცარიელი
ხელით არ წარვსდგები."

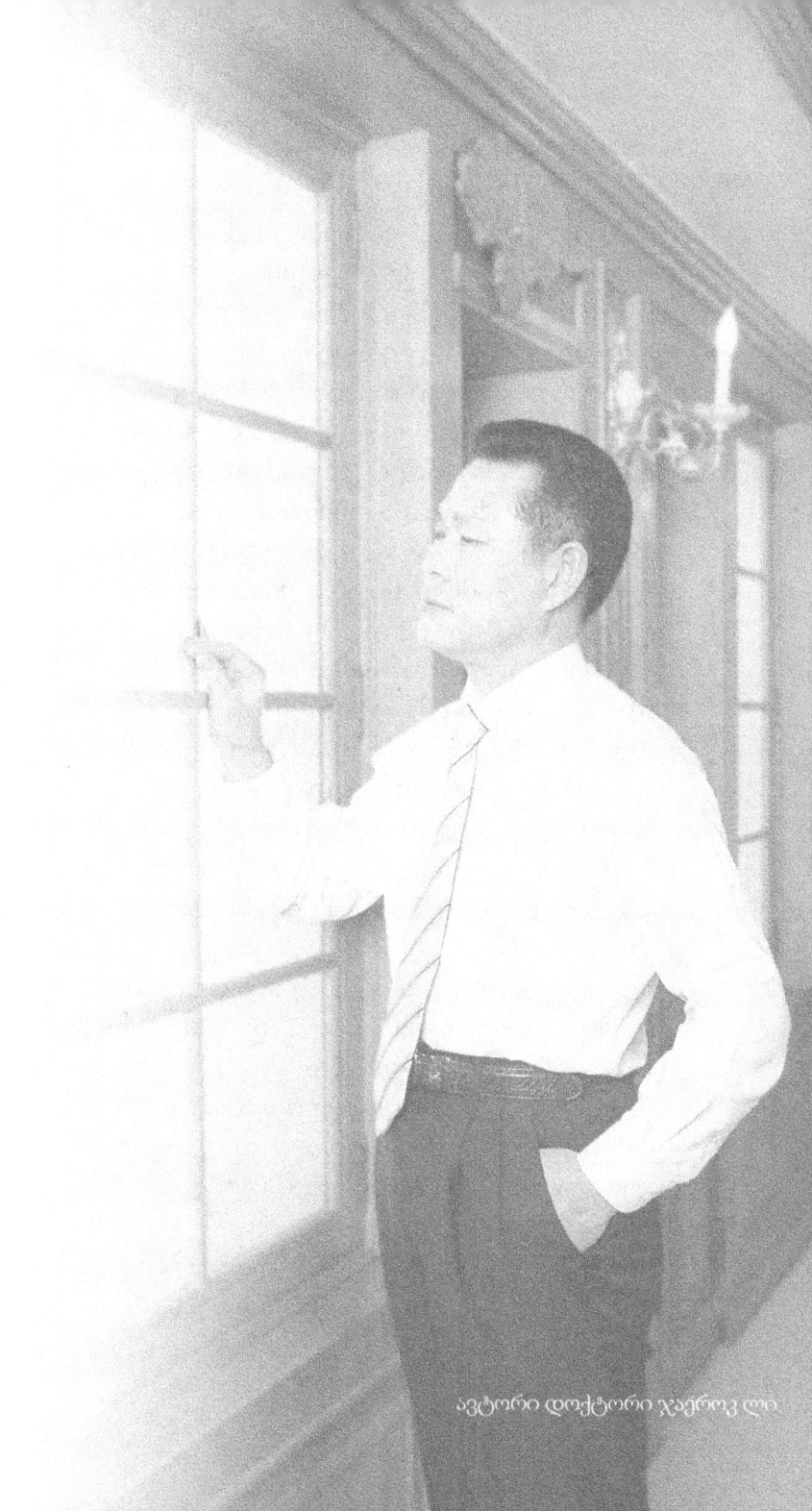

ავტორი დოქტორი ჯაეროკ ლი

მთელი კვირის განმავლობაში მე სიტყვა მივიღე მხოლოდ "ამინით" ჩემს გულში.

ამ ქადაგების შეკრების შემდეგ, მე შევწყვიტე მოწევა და სმა და დავიწყე ეკლესიის გადასახადების გადახდა და მადლიერების შესაწირების გაკეთება. მე ასევე დავიწყე ლოცვა და თანდათანობით გავხდი ლოცვის ადამიანი. მე ზუსტად ის გავაკეთე რაც ვისწავლე და ასევე დავიწყე ბიბლიის კითხვა.

ჩემი ყველა დაავადება განიკურნა, რომელთა განკურნებაც ამქვეყნიური შესაძლებლობებით ვერ შევძელი. ამგვარად, მე მთლიანად შემეძლო მერწმუნა ბიბლიის ყოველი სტროფი და თავი. რადგან იმ დროს დამწყები ვიყავი რწმენაში, ბიბლიის რამდენიმე ნაწილი იყო, რომლებსაც ადვილად ვერ ვიგებდი. მაგრამ, მცნებები, რომლებიც გავიგე, დაუყოვნებლივ დავიწყე მათზე დამორჩილება. მაგალითად, როდესაც ბიბლიამ მითხრა, რომ არ უნდა მეთქვა ტყუილი, მე ჩემს თავს ვუთხარი, "სიცრუე ცოდვაა! ბიბლია მეუბნება რომ არ ვიცრუო, ამიტომ მე ამას არ გავაკეთებ." მე ასევე ვილოცე, "ღმერთო, გთხოვ დამეხმარე განვდევნო ჩემი სიცრუეები!" ეს ის არ იყო, რომ ადამიანებს ვატყუებდი ბოროტი გულით, მაგრამ მიუხედავად ყველაფრისა მე მტკიცედ ვილოცე, რათა უყურადღებოდაც არ მეთქვა ტყუილი.

უამრავი ადამიანი ცრუობს და მათი უმრავლესობა ვერც კი აცნობიერებს, რომ სიცრუეს

ამბობენ. როდესაც ადამიანი გირეკავს, რომელთანაც არ გსურს ტელეფონზე ლაპარაკი, გიკითხია შენი შვილებისთვის, კოლეგისთვის ან მეგობრებისთვის, რომ "უთხარი, რომ აქ არ ვარ"? უამრავი ადამიანი ცრუობს, რადგან ისინი "თავაზიანები" არიან სხვების მიმართ. ასეთი ადამიანები ცრუობენ, როდესაც მაგალითად მათ კითხავენ რაიმეს ჭამა ან დალევა ხომ არ სურთ, როდესაც სტუმრად არიან. მიუხედავად იმისა, რომ არ უჭამიათ ან მწყურვალები არიან, სტუმრები, რომლებსაც არ სურთ, რომ "შემაწუხებელი" იყვნენ, ხშირად ეუბნებიან მასპინძლებს "არა, მადლობა. სანამ აქ მოვიდოდი უკვე მივირთვი." თუმცა, მას შემდეგ რაც გავიგე, რომ კარგი განზრახვით ტყუილიც სიცრუის თქმაა, მე ვილოცე, რომ ყოველთვის მიმექცია ყურადღება სიცრუისათვის და საბოლოოდ დავძლიე ეს ცოდვა.

გარდა ამისა, მე გავაკეთე ყველა სიბოროტის და ცოდვის სია, რომლებიც უნდა განედევნა და ვილოცე. მხოლოდ მაშინ, როდესაც დავრწმუნდი, რომ ყველა ბოროტება და ცოდვა მქონდა განდევნილი, კალმით გადავხაზე სიიდან. თუ კი ისეთი ბოროტება ან ცოდვა მქონდა, რასაც ადვილად ვერ ვუმკლავდებოდი ლოცვით, მე დაუყოვნებლივ ვიწყებდი მარხვას. თუ კი ამას ვერ შევძლებდი სამ დღიანი მარხვით, მაშინ მარხვას ხუთი დღის განმავლობაში ვიცავდი. თუ კი ერთი და იგივე

ცოდვას ორჯერ ჩავიდენდი, მაშინ შვიდ დღიან მარხვას ვიცავდი. თუმცა, იშვიათად მიწევდა შვიდ დღიანი მარხვის დაცვა, მე შევძელი თითქმის ყველა ბოროტების და ცოდვის განდევნა. კიდევ უფრო წმინდა ჭურჭელი გავხდი, როდესაც ბოროტებას ვდევნიდი ასეთი პროცესების განმეორებით.

უფალთან შეხვედრის შემდეგ სამ წელში, მე ყველაფერი განვდევნე, რაც ღმერთის სიტყვის წინააღმდეგი იყო და მის თვალში წმინდა ჭურჭლად წარვსდექი. გარდა ამისა, რადგან მორჩილად და ბეჯითად ვიცავდი მცნებებს, მოკლე დროის განმავლობაში, მე დავიწყე მისი სიტყვის მიხედვით ცხოვრება. როდესაც წმინდა ჭურჭელი გავხდი, ამისათვის ღმერთმა უხვად დამაჯილდოვა. ჩემმა ოჯახმა მიიღო ჯანმრთელობის წყალობა. მალევე შევძელი ყველა ვალის გადახდა. ფიზიკური და სულიერი კურთხევაც მივიღე. ეს იმიტომ, რომ ბიბლია გვარწმუნებს შემდეგს: "საყვარელნო, თუ ჩვენი გული არა გვგმობს, პირნათელნი ვართ ღვთის წინაშე. ამიტომ, რასაც ვითხოვთ, მივიღებთ მისგან, ვინაიდან ვიმარხავთ მის მცნებებს და ისე ვიქცევით, როგორც მას მოსწონს" (1 იოანე 3:21-22).

მეორე, იმისათვის, რომ ძვირფასი ქვაზე უფრო ლამაზი ჭურჭელი გახდე, შენ უნდა იყო "ცეცხლით განწმენდილი" და გამოაბრწყინო სულიერი სინათლე.

ძვირფასი ქვები ბეჭდებზე და ყელსაბამებზე, ერთ დროს ბინძური იყო. თუმცა, ისინი განიწმინდნენ მწახნაგებლით და უფრო დიდ სიკაშკაშეს ანათებენ და აქვთ უფრო ლამაზი ფორმები.

ზუსტად, როგორც ეს მარჯვე მწახნაგებელი ჭრის, აპრიალებს და წმენდს ცეცხლით ამ ძვირფას ქვებს და აძლევს მათ საუცხოო ფორმებს, ღმერთი ასწავლის თავის შვილებს. ღმერთი მათ არა მარტო მათი ცოდვების გამო ასწავლის, არამედ იმიტომ, რომ სწავლით იგი მათ სულიერად და ფიზიკურად ლოცავს. მისი შვილების თვალში, რომლებსაც არ ჩაუდენიათ ცოდვები, ისე ჩანს, თითქოს მათ უნდა გაუძლონ ტკივილს და გამოცდების ტანჯვას. ეს არის პროცესი, რომლითაც ღმერთი ზრდის და ასწავლის თავის შვილებს, რათა მათ ნათელყონ უფრო ლამაზი ფერები. 1 პეტრე 2:19 შეგვახსენებს, რომ "რადგანაც მადლი ის არის როცა ვინმე, უსამართლოდ ტანჯული, ღვთის წინაშე არ ღალატობს სინიდისს და უდრტვინველად იტანს გასაჭირს." ასევე ვკითხულობთ, რომ "რათა თქვენი რწმენის გამოცდა, გაცილებით უფრო ფასეული, ვიდრე გამოცდა ოქროსი, თავისი ხრწნადობის მიუხედავად ცეცხლში რომ გამოიცდება, - საქები, სადიდებელი და სასახელო აღმოჩნდეს თქვენთვის, როდესაც გამოგეცხადებათ იესო ქრისტე" (1 პეტრე 1:7).

მაშინაც კი, თუ ღმერთის შვილებმა განდევნეს ყველანაირი ბოროტება და გახდნენ ნაკურთხი

ჭურჭლები, მისი არჩევის დროს, ღმერთი საშუალებას აძლევს მათ ისწავლონ და ეცადონ, რომ წარსდგნენ ძვირფას ქვაზე უფრო ლამაზ ჭურჭლებად. როგორც 1 იოანე 1:5 გვეუბნება, "ღმერთი არის ნათელი და არ არის მასში არავითარი ბნელი," რადგან ღმერთი არის თვით ნათელი ბნელის გარეშე, იგი თავის შვილებს იგივე დონის სინათლემდე უძღვება.

 ამგვარად, როდესაც დაძლევ გამოცდებს სიკეთითა და სიყვარულით, შენ გახდები უფრო მოკაშკაშე და ლამაზი ჭურჭელი. სულიერი ძალაუფლების დონე განსხვავდება სულიერი სინათლის სიკაშკაშის მიხედვით. გარდა ამისა, როდესაც სულიერი სინათლე ანათებს, ეშმაკს და სატანას იქ არაფერი ესაქმებათ.

 მარკოზი 9-ში არის სცენა, სადაც იესომ ბიჭიდან განდევნა ბოროტი სული. იესომ უთხრა ბოროტ სულს: "ყრუ-მუნჯო სულო! გიბრძანებ გამოხვიდე მაგისგან და აღარასოდეს შეხვიდე მასში!" (სტროფი 25) და ბოროტმა სულმა დატოვა ბიჭი. ამ სცენამდე არის ეპიზოდი, სადაც ბიჭის მამამ მიუყვანა თავისი ვაჟი იესოს მოწაფეებს, რომლებმაც ბოროტი სულის განდევნა ვერ მოახერხეს. ეს იმიტომ, რომ მოწაფეების სულიერი სინათლის დონე და იესოს სინათლის დონე განსხვავდებოდა.

 მაშინ, რა უნდა გავაკეთოთ, რომ იესოს სულიერი სინათლის დონეზე შევიდეთ? ჩვენ ნებისმიერი

გამოცდა უნდა დავძლიოთ ღმერთში რწმენით, დავძლიოთ ბოროტება სიკეთით და მტრებიც კი უნდა გვიყვარდეს.

კურთხევები იმ ჭურჭლებისთვის, რომლებიც ძვირფას ქვაზე უფრო ლამაზები არიან

როგორც მე წლების განმავლობაში რწმენის გზაზე დავდიოდი, ასევე გაუძელი მრავალ გამოცდას. მაგალითად, რამდენიმე წლის წინ სატელევიზიო პროგრამაში ბრალდებისას, მე ისეთ გამოცდას გავუძელი, რომელიც სიკვდილივით მტკივნეული და აუტანელი იყო. ადამიანებმა, რომლებმაც ჩემით მიიღეს წყალობა და კიდევ ბევრმა სხვამ, რომლებსაც ოჯახის წევრებად ვთვლიდი, მიღალატეს.

ამქვეყნიური ადამიანებისთვის, მე გავხდი გაუგებრობის სუბიექტი და ბრალი წამიყენეს, როდესაც მანმინის წევრები იტანჯებოდნენ და არაკანონიერად იდევნებოდნენ. მიუხედავად ამისა, მანმინის წევრებმა და მე გავუძელით ამ გამოცდას სიკეთით და როდესაც ყველაფერი ღმერთს მივანდეთ, ჩვენ სიყვარულის და წყალობის ღმერთს ვეხვეწებოდით, რომ მათთვის ეპატიებინა.

გარდა ამისა, მე არ შემძულებია ის ადამიანები,

რომლებმაც დამტოვეს და ეკლესიისთვის პრობლემები შექმნეს. მტანჯველი გამოცდის დროს, მე მწამდა, რომ ჩემს მამა ღმერთს ვუყვარდი. ასე შევძელი გავმკლავებოდი სიკეთითა და სიყვარულით იმ ადამიანებს, რომლებიც ბოროტებას იდენდნენ. როგორც სტუდენტი იღებს აღიარებას თავისი მძიმე სამუშაოსთვის გამოცდის გადალახვით, როდესაც ჩემმა სიკეთემ, სიყვარულმა, რწმენამ და სამართლიანობამ ღმერთის აღიარება მიიღო, მან დამლოცა მე და გამომავლენინა მისი ძალა კიდევ უფრო მეტად.

გამოცდის შემდეგ, მან გააღო კარები, რომლითაც მე მსოფლიო მისიას მივაღწევდი. ღმერთმა ისე გააკეთა, რომ ათი ათასობით, ასი ათასობით და მილიონობით ადამიანიც კი იკრიბებოდა საზღვარგარეთულ ლაშქრობებზე, რომლებსაც მე ვხელმძღვანელობდი და მან იგი ყოველთვის ჩემს გვერდით არის თავისი ძალით, რომელიც დროისა და სივრცის ზღვარს აბიჯებს.

სულიერი სინათლე, რომლითაც ღმერთი გარს გვეხვევა უფრო ნათელი და ლამაზია, ვიდრე ამ სამყაროს ნებისმიერი ძვირფასი ქვა. ღმერთი თვლის, რომ მისი ის შვილები, რომლებსაც გარს ეხვევა სულიერი სინათლით, არიან ჭურჭლები, რომლებიც ძვირფას ქვაზე უფრო ლამაზები არიან.

ამგვარად, დაე თითოეულმა თქვენთაგანმა მიაღწიოს კურთხევას და გახდეს ჭურჭელი, რომელიც ასხივებს სულიერ სინათლეს და რომელიც ძვირფასე ქვაზე უფრო ლამაზია, რათა მიიღო ყველაფერი, რასაც სთხოვ და წარუძღვე კურთხეულ ცხოვრებას, მე ვლოცულობ იესო ქრისტეს სახელით!

აღთქმა 4
ნათელი

1 იოანე 1:5

ეს არის აღთქმა,
რომელიც ვისმინეთ მისგან,
და გაუწყებთ თქვენ,
რომ ღმერთი არის ნათელი
და არ არის მასში არავითარი ბნელი

არსებობს მრავალი სახის სინათლე და თითოეულ მათგანში არის მათი საკუთარი გასაოცარი უნარი. უპირველეს ყოვლისა, ეს ანათებს სიბნელეს, მოაქვს სითბო და კლავს მავნე ბაქტერიებს. სინათლით, მცენარეებს შეუძლიათ სიცოცხლის შენარჩუნება ფოტოსინთეზით.

თუმცა, არსებობს ფიზიკური სინათლე, რომელსაც თვალით ვხედავთ და ვეხებით და სულიერი სინათლე, რომელსაც ვერ ვხედავთ და ვერ ვეხებით. ზუსტად როგორც ფიზიკურ სინათლეს აქვს მრავალი უნარი, სულიერ სინათლეში არის განუზომელი რაოდენობის უნარები. როდესაც ღამით სინათლე ანათებს, სიბნელე დაუყოვნებლივ ქრება.

ანალოგიურად, როდესაც სულიერი სინათლე გაანათებს ჩვენს ცხოვრებაში, სულიერი სიბნელე სწრაფად გაქრება. რადგან სულიერი სიბნელე არის ავადმყოფობების და პრობლემების ფესვი სახლში, სამსახურში ან ურთიერთობებში, ჩვენ ვერ ვპოულობთ ჭეშმარიტ სიმშვიდეს. თუმცა, როდესაც სულიერი სინათლე გაანათებს ჩვენს ცხოვრებაში, პრობლემები, რომლებიც ადამიანის ცოდნას და შესაძლებლობებს აღემატება, შეიძლება იყოს მოგვარებული და პასუხებსაც მივიღებთ ჩვენს სურვილებზე.

სულიერი ნათელი

რა არის სულიერი ნათელი და როგორ მოქმედებს? ჩვენ ვკითხულობთ 1 იოანე 1:5-ში, რომ "ღმერთი არის ნათელი და არ არის მასში არავითარი ბნელი," იოანე 1:1-ში "ღმერთი იყო სიტყვა." საბოლოო ჯამში, ”სინათლე” გულისხმობს არა მარტო თვით ღმერთს, არამედ მის სიტყვასაც, რომელიც არის ჭეშმარიტება, სიკეთე და სიყვარული. ყველაფრის შექმნამდე, სამყაროს სივრცეში ღმერთი მარტო არსებობდა და მას არ ჰქონდა არანაირი ფორმა. როგორც სინათლის და ხმის გაერთიანება, ღმერთი ფარავდა მთელს სამყაროს. ბრწყინვალე, გასაოცარი და ლამაზი სინათლე მოიცავდა მთელს სამყაროს და ამ სინათლიდან გამოდიოდა ჩინებული, წმინდა და წკრიალა ხმა.

ღმერთმა, რომელიც არსებობდა როგორც სინათლე და ხმა, დაგეგმა ადამიანთა მოდგმის გაშენების განგება ჭეშმარიტი შვილების მისაღებად. შემდეგ მან მიიღო ფორმა, გაყო თავისი თავი სამებად და შექმნა ადამიანთა მოდგმა თავისი წარმოსახვით. თუმცა, ღმერთის არის მაინც სინათლე და ხმაა და იგი მოქმედებს სინათლით და ხმით. მიუხედავად იმისა, რომ იგი ადამიანის ფორმაშია, ამ ფორმაში არის მისი უსასრულო ძალის

ხმა და სინათლე.

გარდა ღმერთის მალისა, სულიერ სინათლეში არსებობს ჭეშმარიტების ელემენტები, სიყვარულის და სიკეთის ჩათვლით. ბიბლიის 66 წიგნი არის სულიერი სინათლის ჭეშმარიტებების კრებული, რომლებიც გამოითქმევა ხმით. სხვა სიტყვებით რომ ვთქვათ, "სინათლე" გულისხმობს ბიბლიის ყველა მცნებას და სტროფს სიკეთის, სამართლიანობის და სიყვარულის შესახებ.

იარე ნათელში, რათა ღმერთს შეხვდე

როგორც ღმერთი მართავს სინათლის სამყაროს, ეშმაკი განაგებს სიბნელის სამყაროს. გარდა ამისა, რადგან ეშმაკი ღმერთს ეწინააღმდეგება, ბნელში მცხოვრებ ხალხს არ შეუძლიათ ღმერთს შეხვდნენ. ამგვარად, ღმერთთან შესახვედრად, შენს ცხოვრებაში პრობლემეის მოსაგვარებლად და ლოცვებზე პასუხების მისაღებად, შენ სასწრაფოდ უნდა გამოხვიდე სიბნელის სამყაროდან და სინათლის სამყაროში შეხვიდე.

ბიბლიაში ჩვენ ვხედავთ მრავალ "დააკეთე" მცნებებს. ამაში შედის, "ერთმანეთის სიყვარული," "ერთმანეთის მსახურება," "ლოცვა," "მადლიერება" და ასე შემდეგ. ასევე არსებობს მცნებები "დაცვის" შესახებ, "დაიცავი შაბათი." "დაიცავი ათი მცნება,"

"დაიცავი ღმერთის ბრძანებები" და ასე შემდეგ. ასევე არის მრავალი "არ გააკეთო" მცნებები, როგორიც არის "არ იცრუო," "არ გძულდეს," "არ ეძებო შენთვის," "არ სცე თაყვანი კერპებს," "არ მოიპარო," "არ იეჭვიანო," "არ გშურდეს" და ასე შემდეგ. ასევე არის მცნებები, რომლებიც გვეუბნება, რომ უნდა "განვდევნოთ," მაგალითად "განდევნე ყველანაირი ბოროტება," "განდევნე ეჭვიანობა და შური," "განდევნე სიხარბე" და ასე შემდეგ.

ერთის მხრივ, ღმერთის ამ მცნებებზე დამორჩილება არის ნათელში ცხოვრება, უფალზე და ჩვენს მამა ღმერთზე დამსგავსება. მეორეს მხრივ, თუ შენ არ გააკეთებ იმას, რასაც ღმერთი გეუბნება, თუ არ დაიცავ იმას, რასაც იგი გეუბნება რომ დაიცვა, შენ გაანგრძელებ სიბნელეში ცხოვრებას. ამგვარად, იმის დამახსოვრებით, რომ ღმერთის სიტყვაზე დაუმორჩილებლობა ნიშნავს იმას, რომ ჩვენ ვცხოვრობთ სიბნელის სამყაროში, რომელსაც ეშმაკი განაგებს, ჩვენ უნდა ვიცხოვროთ მისი სიტყვით და ვიაროთ ნათელში.

ზიარება ღმერთთან, როდესაც ნათელში დავდივართ

როგორც 1 იოანე 1:7-ის პირველი ნაწილი

გვეუბნება, "ხოლო თუ ნათელში დავდივართ, როგორც თვითონვეა ნათელში, მაშინ ერთმანეთს ვეზიარებით," მხოლოდ მაშინ შევძლევთ ვთქვათ, რომ ღმერთს ვეზიარეთ, როდესაც ნათელში ვივლით და ნეთელში ვიცხოვრებთ.

ზუსტად როგორც ურთიერთობაა მამასა და მის შვილებს შორის, ჩვენ ასევე უნდა გვქონდეს ურთიერთობა ღმერთთან, ჩვენი სულების მამასთან. თუმცა, იმისათვის, რომ დავაარსოთ და შევინარჩუნოთ მასთან ურთიერთობა, ჩვენ უნდა დავაკმაყოფილოთ ერთი მოთხოვნა: ნათელში სიარულით განდევნე ცოდვები. ზუსტად ამიტომ. "თუ ვამბობთ, მას ვეზიარებითო და ბნელში კი დავდივართ, ვცრუობთ და არ ვიქცევით ჭეშმარიტებას თანახმად" (1 იოანე 1:6).

"ზიეარება" არ არის ერთმხრივი. მხოლოდ იმიტომ, რომ შენ ადამიანს იცნობ, ეს იმას არ ნიშნავს, რომ მასთან ურთიერთობა გაქვს. მხოლოდ მაშინ, როდესაც ორივე მხარე მივა იმ ეტაპამდე, რომ ერთმანეთს ენდონ და საუბარი ჰქონდეთ ერთმანეთთან, შეიძლება იყოს მათ შორის "ურთიერთობა".

მაგალითად, თქვენმა უმრავლესობამ იცის თუ ვინ არის თქვენი ქვეყნის პრეზიდენტი ან მეფე. არ აქვს მნიშვნელობა თუ რამდენი იცი პრეზიდენტის

შესახებ, თუ იგი შენ არ გიცნობს, შენსა და პრეზიდენტს შორის ურთიერთობა არ არსებობს. გარდა ამისა, ურთიერთობაში არსებობს სხვადასხვა სიღრმეები. თქვენ ორს შეიძლება უბრალო ნაცნობობა გქონდეთ; თქვენ ორს შეიძლება უფრო ახლო ნაცნობობა გქონდეს, როდესაც დრო და დრო ერთმანეთს ეკითხებით, თუ როგორ ხარ, რას აკეთებ; ან, თქვენ ორს შეიძლება გქონდეთ ახლო მეგობრული ურთიერთობა, როდესაც ერთმანეთს ყველაზე ღრმა საიდუმლოებებს უზიარებთ.

იგივეა ღმერთთან ურთიერთობაშიც. იმისათვის, რომ მასთან ჩვენი ურთიერთობა ჭეშმარიტი იყოს, ღმერთი უნდა გვიცნობდეს და უნდა გვაღიარებდეს. თუ ჩვენ გვაქვს ღრმა ურთიერთობა ღმერთთან, ჩვენ არასოდეს გავხდებით ავად ან არ დავსუსტდებით, და ყველაფერზე მივიღებდით პასუხებს. ღმერთს სურს, რომ თავის შვილებს მისცეს მხოლოდ საუკეთესო და რჯული 28-ში გვეუბნება, რომ როდესაც მას სრულყოფილად დავემორჩილებით და ყურადღებით დავიცავთ მის ბრძანებებს, ჩვენ მივიღებთ კურთხევას, როდესაც გავალთ და როდესაც შემოვალთ; ჩვენ ფულს მხოლოდ გავასესხებთ და არასოდეს დაგვჭირდება სესხება; და ჩვენ ვიქნებით თავი და არა კუდი.

რწმენის მამები, რომლებსაც ჭეშმარიტი ურთიერთობა ჰქონდათ ღმერთთან

როგორი ურთიერთობა ჰქონდა დავითს ღმერთთან, რომელზეც ღმერთი ამბობდა, "ჩემი გულით ნანატრი კაცი" (საქმე 13:22). დავით უყვარდა ღმერთი და ეშინოდა მისი და ყოველთვის ყველაფერს მას ანდობდა. როდესაც იგი საულისგან გარბოდა ან ბრძოლაში მიდიოდა, როგორც ბავშვი ეკითხება თავის მშობელს, თუ რა უნდა ქნას, დავითი ყოველთვის მას ეკითხებოდა, "რა გავაკეთო? სად წავიდე?" და ისე აკეთებდა, როგორც ღმერთი ეუბნებოდა. გარდა ამისა, ღმერთმა დავითს მისცა დეტალური პასუხები და დავითიც ზუსტად ისე მოქმედებდა, როგორც მას ღმერთი ეუბნებოდა (2 სამუელი 5:19-25).

დავითს ლამაზი ურთიერთობა იმიტონ ჰქონდა ღმერთთან, რომ თავისი რწმენით იგი ღმერთს ასიამოვნებდა. მაგალითად, მეფე საულის მეფობისას, პალესტინელებმა დაიპყრეს ისრაელი. პალესტინელების ლიდერი იყო გოლიათი, რომელიც მასხრად იგდებდა ისრაელის ჯარს და ღმერთის სახელს გმობდა და უგულვებელყოფდა. მაგრამ, ისრაელის ბანაკიდან ვერავინ ბედავდა მის გამოწვევას. იმ დროს, მიუხედავად იმისა, რომ იგი ჯერ კიდევ ახალგაზრდა იყო, დავითმა გამოიწვია გოლიათი შეუიარაღებულმა და მხოლოდ ხუთი

ქვით, რადგან მას სწამდა ყოვლისშემძლე ღმერთის და რომ ბრძოლა ღმერთს ეკუთვნოდა (1 სამუელი 17). ღმერთი მოქმედებდა, რომ დავითის ქვა გოლიათს შუბლში მოხვედროდა. გოლიათის სიკვდილის შემდეგ ისრაელმა მიაღწია გამარჯვებას.

მისი მტკიცე რწმენის გამო, დავითს ღმერთისგან ეწოდა "ჩემი გულით ნანატრი კაცი," და როგორც ინტიმური ურთიერთობის მქონე მამა და შვილი ყველა საქმეს ერთმანეთში განიხილავენ, დავითი ყველაფერს აღწევდა, რადგან ღმერთი ყოველთვის მის გვერდით იყო.

ბიბლია ასევე გვეუბნება, რომ ღმერთი პირისპირ ესაუბრებოდა მოსეს. მაგალითად, როდესაც მოსემ გაბედულად სთხოვა ღმერთს, რომ თავისი სახე ეჩვენებინა, ღმერთს სურდა, რომ მისთვის ყველფერი მიეცა, რასაც ითხოვდა (გამოსვლა 33:18). როგორ შეეძლო მოსეს ღმერთთან ასეთი ახლო ურთიერთობა ჰქონოდა?

იმის შემდეგ, როდესაც მოსე ისრაელიტებს ეგვიპტიდან წარუძღვა, იგი მარხულობდა და კავშირი ჰქონდა ღმერთთან ორმოცი დღის განმავლობაში სინას მთაზე. როდესაც მოსეს დაბრუნება დაგვიანებული იყო, ისრაელიტებმა შექმნეს კერპი და მას სცემდნენ თაყვანს. როდესაც ეს დქაინახა, ღმერთმა უთხრა მოსეს, რომ ისრაელიტებს გაანადგურებდა და შემდეგ მოსეს

გახდიდა დიდ ერად (გამოსვლა 32:10).

ამაზე მოსემ ღმერთს სთხოვა: "დაიცხრე რისხვა და თავი შეიკავე ამ ხალხის დაღუპვისაგან" (გამოსვლა 32:12). მეორე დღეს, იგი კიდევ ერთხელ შეეხვეწა ღმერთს: "დიდი ცოდვა ჩაიდინა ამ ხალხმა: ოქროს ღმერთები გაიკეთა. ახლა მიუტევე მათ ეს ცოდვა, თუ არა და, ამომშალე შენი დაწერილი წიგნიდან." (გამოსვლა 32:31-32)

გარდა ამისა, რიცხვნი 12:3-ში ვკითხულობთ, "მოსე უთვინიერესი კაცი იყო დედამიწის ზურგზე." და რიცხვნი 12:7-ში წერია, "ასეთი არ არის ჩემი მორჩილი მოსე. მთელი ჩემი ერის ერთგულია იგი." თავისი დიდი სიყვარულითა და მოკრძალებული გულით, მოსეს შეეძლო ყოფილიყო ერთგული მის ყველა სახლში და ესიამოვნა ღმერთთან ახლო ურთიერთობით.

კურთხევები იმ ადამიანებისთვის, რომლებიც ნათელში დადიან

იესო, რომელიც ამ ქვეყანაზე მოვიდა როგორც სამყაროს სინათლე, ქადაგებდა მხოლოდ ჭეშმარიტებას და ზეცის სახარებას. თუმცა ადამიანებს, რომლებიც სიბნელეში იყვნენ და ეშმაკს ეკუთვნოდნენ, მაშინაც კი ვერ გაეგოთ სინათლე, როდესაც მათ უხსნიდნენ. მათ წინააღმდეგობაში,

სიბნელის სამყაროს ადამიანები ვერ იღებდნენ ვერც სინათლეს და ვერც ხსნას, მაგრამ სამაგიეროდ განადგურების გზას ადგნენ.

კეთილი გულის პატრონმა ადამიანებმა გააცნობიერეს საკუთარი ცოდვები, მოინანიეს და მიიღეს ხსნა ჭეშმარიტების სინათლით. სული წმინდის სურვილებზე გაყოლით, მათ ასევე დაბადეს სული და დადიოდნენ ნათელში. მათი მხრიდან სიბრძნის ან უნარიანობის ნაკლებობა აღარ არის პრობლემა. ისინი დააარსებენ ურთიერთობას ღმერთთან, რომელიც ნათელია და მიიღებენ სული წმინდის ხმას და ზედამხედველობას. შემდეგ მათ ცხოვრებაში ყველაფერი კარგად წავა და ზეციდან მიიღებენ სიბრძნეს. მაშინაც კი, თუ პრობლემები აქვთ, ვერავინ შეაკავებს მათ პრობლემის მოგვარებისგან და ვერანაირი დაბრკოლება ვერ შეუშლის მათ ხელს, რადგან სული წმინდა პირადად გაწვრთნის მათ თითოეულ ნაბიჯზე.

როგორც 1 კორინთელთა 3:18 მოგვიწოდებს, "ნურავინ მოიტყუებს თავს; თუ ვინმეს ამ ქვეყნად ბრძენი ჰგონია თავი, შლეგი გახდეს, რომ სიბრძნეს ეზიაროს," ჩვენ უნდა გავაცნობიეროთ, რომ სამყაროს სიბრძნე ღმერთის თვალში უგუნურებაა.

გარდა ამისა, როგორც იაკობი 3:17 გვეუბნება, "ხოლო ზეგარდმო გადმოსული სიბრძნე, უწინარეს

ყოვლისა, წმიდაა, მერე - მშვიდი, თვინიერი, მორჩილი, მოწყალებითა და კეთილი ნაყოფით სავსე, მიუკერძოებელი და უთვალთმაქცო." როდესაც ჩვენ კურთხევას მივაღწევთ და ნათელში შევალთ, ზეციდან სიბრძნე მოვა ჩვენზე. როდესაც ნათელში ვივლით, ჩვენ ასევე მივაღწევთ იმ დონეს, რომელზეც ყოველთვის ბედნიერები ვართ და ჩვენ არ ვგრძნობთ, თითქოს რაიმე გვაკლდეს.

პავლე მოციქული აცხადებს ფილიპელთა 4:11-ში, "იმიტომ როდი ვამბობ, რომ მიჭირს, რადგანაც ვისწავლე კმაყოფილი ვიყო იმით, რაცა მაქვს." ანალოგიურად, თუ კი ნათელში ვივლით, ჩვენ მივაღწევთ ღმერთის სიმშვიდეს, რომლითაც ჩვენგან გადმოიჩქეფებს სიმშვიდე და სიხარული. ადამიანები, რომლებიც სიმშვიდეს ინარჩუნებენ სხვებთან, არ იკამათებენ ან მტრობა არ ექნებათ საკუთარ ოჯახებთან. ნაცვლად, როგორ სიყვარული და წყალობა ჩქებს მათ გულებში, მადლიერების აღიარებებს არ დაიშურებენ მათი ტუჩები.

გარდა ამისა, როდესაც ნათელში დავდივართ და ღმერთს ვემსგავსებით, როგორც იგი გვეუბნება 3 იოანე 1:2-ში, "საყვარელო, ვლოცულობ, რომ კეთილად გევლოს და კარგად იყო, როგორც კეთილად ვალს შენი სული," ჩვენ მივიღებთ არა მარტო ნეტარების კურთხევას ყველაფერში, არამედ ძალაუფლებას, უნარს და ღმერთის ძალას, რომელიც ნათელია.

მას შემდეგ, რაც პავლე უფალს შეხვდა და ნათელში დადიოდა, ღმერთმა საშუალება მისცა მას გასაოცარი ძალა გამოევლინა, როგორც წარმართების მოციქულს. მიუხედავად იმისა, რომ სტეფანი ან ფილიპე არ იყვნენ წინასწარმეტყველები ან იესოს ერთ-ერთი მოწაფეები, ღმერთი მაინც მოქმედებდა მათი საშუალებით. საქმე 6:8-ში, ჩვენ ვკითხულობთ, რომ "ხოლო სტეფანე, რწმენითა და მადლით აღვსილი, დიად ნიშებს და სასწაულებს ახდენდა ხალხში." საქმე 8:6-7-შიც ვკითხულობთ, "ხალხი ერთსულოვნად უგდებდა ყურს, რასაც ამბობდა ფილიპე, უსმენდა და ხედავდა სასწაულებს, რომლებსაც ახდენდა იგი. ვინაიდან მრავალთაგან, ვინც უწმინდურ სულებს შეეპყროთ ყვირილით. გამოდიოდნენ ისინი და მრავალი დავრდომილი და კოჭლი იკურნებოდა."

ადამიანს იმდენად შეუძლია ღმერთის ძალის გამოვლენა, რომ იგი ხდება კურთხეული ნათელში სიარულით და ემსგავსება უფალს. არსებობდა მხოლოდ რამდენიმე ადამიანი, რომლებსაც შეეძლოთ ღმერთის ძალის გამომჟღავნება. მაგრამ, მათ შორისაც კი, ძალის სიდიდე განსხვავდებოდა იმის და მიხედვით, თუ რამდენად ემსგავსებოდა თითოეული მათგანი ღმერთს.

ვცხოვრობ მე ნათელში?

იმისათვის, რომ მივიღოთ კურთხევა, რომლითაც ის ადამიანები დასაჩუქრდნენ, რომლებიც ნათელში დადიოდნენ, თითოეულმა ჩვენთაგანმა ჯერ ჩვენს თავს უნდა ვკითხოთ, "ვცხოვრობ მე ნათელში?"

მაშინაც კი, თუ არ გაქვს კონკრეტული პრობლემა, შენ უნდა შეამოწმო შენი თავი ცხოვრობდი თუ არა "ნელთბილი" ცხოვრებით კრისტეში, ან თუ არ გაგიგია სული წმინდის ხმა. და თუ ეს ასეა, შენ უნდა გამოიღვიძო შენი სულიერი ძილიდან.

თუ შენ გარკვეულწილად განდევნილი გაქვს ბოროტება, ამით არ უნდა დაკმაყოფილდე; როგორც ბავშვი იზრდება და ზრდასრული ხდება, შენც ასევე უნდა მიაღწიო მამების რწმენას. შენ ღრმა ურთიერთობა უნდა გქონდეს ღმერთთან.

თუ შენ კურთხევისკენ მიიწევ, შენ ბოროტების ყველა ნარჩენი უნდა აღმოაჩინო და ძირფესვიანად გაანადგურო. რაც უფრო დიდ ძალაუფლებას მიიღებ, შენ ყოველთვის სხვებზე უნდა იზრუნო პირველ რიგში. როდესაც სხვები, იმ ადამიანების ჩათვლით, რომლებიც შენზე ნაკლები არიან, აღნიშნავენ შენს შეცდომებს, შენ უნდა ეცადო, რომ ამას ყურადღება მიაქციო. გულისწყრომის ან დისკომფორტის მაგივრად, სიკეთეში და სიყვარულში, შენ უნდა შეძლო მოთმენა. შენ სხვები არ უნდა აიგდო აბუჩად. არც უნდა უგულვებელყო

სხვები შენს საკუთარ სამართლიანობაში ან არ უნდა დაარღვიო სიმშვიდე.

მე ვაჩვენე და მივეცი სიყვარული უფრო ახალგაზრდა, გაჭირვებულ და სუსტ ადამიანებს. როგორც მშობლები, რომლებიც უფრო მეტად ზრუნავენ ავადმყოფ ან უფრო სუსტ შვილზე, მე ვლოცულობდი ხალხისთვის ასეთ სიტუაციებში, არასოდეს არ მიმიტოვებია ისინი და ვეცადე მემსახურა მათთვის გულის სიღრმიდან. იმ ადამიანებს, რომლებიც ნათელში დადიან, უნდა ჰქონდეთ თანაგრძნობა იმ ადამიანებისადმი, რომლებმაც ბოროტება ჩაიდინეს და უნდა შეეძლოთ მათი პატიება და მათი დანაშაულის გამომჟღავნების მაგივრად, უნდა დაფარონ მათი შეცდომები.

ღმერთის საქმეშიც კი, შენ არ უნდა იტრაბახო შენი მიღწევებით; შენ უნდა დაინახო იმ ადამიანების ძალისხმევა, რომლებიც შენთან ერთად მუშაობდნენ. როდესაც მათი ძალისხმევა აღიარებული და მოწონებულია, შენ უნდა იყო უფრო ბედნიერი და სიხარულით სავსე.

წარმოგიდგენიათ, როგორ უყვარს ღმერთს თავისი შვილები, რომელთა გულებიც ემსგავსება უფლის გულს? როგორც იგი ენოქის გვერდით იყო

300 წლის განმავლობაში, ღმერთი იქნება მისი შვილების გვერდით, რომლებიც მას დაემსგავსებიან. გარდა ამისა, იგი არა მარტო ჯანმრთელობას და ყველა საქმეში წინსვლას მისცემს მათ, არამედ თავის ძალასაც, რომლითაც იგი მათ გამოიყენებს ძვირფას ჭურჭლებად.

ამგვარად, მაშინაც კი, თუ თვლი რომ გაქვს რწმენა და გიყვარს ღმერთი, დაე ხელახლა გადაამოწმო, თუ რამხელა რწმენას და სიყვარულს აღიარებს იგი, და იარე ნათელში, რათა შენი ცხოვრებიდან გადმოიჩქეფოს მისი სიყვარულის მტკიცებულებები, მე ვლოცულობ უფალი იესო ქრისტეს სახელით!

აღთქმა 5

ნათელის ძალა

1 იოანე 1:5

ეს არის აღთქმა,
რომელიც ვისმინეთ მისგან,
და გაუწყებთ თქვენ,
რომ ღმერთი არის ნათელი
და არ არის მასში არავითარი ბნელი

ბიბლიაში მრავალი მაგალითია, რომლებშიც უამრავმა ადამიანმა მიიღო ხსნა, განკურნება და პასუხები ღმერთის გასაოცარი ძალით, რომელიც მისმა ძემ, იესომ გამოავლინა. როდესაც იესო ბრძანებდა, ყველანაირი ავადმყოფობა ინკურნებოდა.

ბრმას თვალი ეხილებოდა, მუნჯი საუბარს იწყებდა და ყრუს სმენა უბრუნდებოდა. კაცი, რომელსაც მოკუნტული ხელი ჰქონდა, განიკურნა, კოჭლმა გამართულად სიარული დაიწყო და პარალიზებულებიც განიკურნენ. გარდა ამისა, ბოროტი სულები განიდევნა და მკვდარი გაცოცხლდა.

ღმერთის ძალის ეს გასაოცარი საქმეები გამოვლენილ იქნა არა მარტო იესოს მიერ, არამედ ძველი აღთქმის დროის მრავალი წინასწარმეტყველის და ახალი აღთქმის დროის მოციქულების მიერ. რა თქმა უნდა, იესოს მიერ ღმერთის ძალის გამომჟღავნება, არც კი შეედრება წინასწარმეტყველების და მოციქულებისას. მიუხედავად ამისა, ადამიანებს, რომლებიც იესოს და თვით ღმერთს ემსგავსებოდნენ, მან მისცა ძალა და გამოიყენა ისინი, როგორც თავისი ჭურჭლები. ღმერთი, რომელიც ნათელია, გამოამჟღავნა თავისი ძალა დიაკონი სტეფანის და ფილიპეს საშუალებით, რადგან მათ მიაღწიეს განწმენდას ნათელში

სიარულით და დაემსგავსნენ უფალს.

პავლე მოციქულმა გამოამჟღავნა დიდი ძალა რომ აღიარებულიყო როგორც "ღმერთი"

ახალი აღთქმიდან ყველა ადამიანს შორის, იესოს შემდეგ პავლე მოციქულმა გამოამჟღავნა ღმერთის ყველაზე დიდი ძალა. იგი სახარებას ქადაგებდა წარმართებისთვის, რომლებმაც არ იცოდნენ ღმერთის შესახებ და არ იცოდნენ ძალაუფლების შეტყობინებები, რომლებიც თან ახლდა ნიშნებსა და სასწაულებს. ასეთი ძალით, პავლეს შეეძლო დაემტკიცებინა ღმერთი და იესო ქრისტე.

იმ ფაქტიდან გამომდინარე, რომ იმ დროს კერპთთაყვანისმცემლობა და გრძნეულება ძალიან გავრცელებული იყო, წარმართებში იქნებოდნენ ისეთი ადამიანები, რომლებსაც სხვები შეცდომაში შეყავდათ. სახარების ქადაგებას ასეთი ადამიანებისთვის სჭირდებოდა ღმერთის ძალის გამომჟღავნება, რომელიც აჭარბებდა ცრუ გრძნეულების და ბოროტი სულების ძალას (რომაელთა 15:18-19).

საქმე 14:8-დან მოყოლებული არის სცენა, სადაც პავლე მოციქული ქადაგებდა სახარებას რეგიონში, რომელსაც ერქვა ლისტრა. როდესაც პავლემ უბრძანა კაცს, რომელიც მთელი ცხოვრება კოჭლი

იყო, "ფეხზე დადექი და გაიმართე!" კაციც წამოდგა და დაიწყო სიარული (საქმე 14:10). როდესაც ხალხმა ეს დაინახა, მათ განაცხადეს, "ღმერთებს კაცის სახე მიუღიათ და ჩვენთან ჩამოსულანო" (საქმე 14:11). საქმე 28-ში არის სცენა, როდესაც პავლე მოციქული ჩავიდა მალტას კუნძულზე გემის ჩაძირვის შემდეგ. როდესაც მან შეაგროვა ფიჩხები და ცეცხლი დაანთო, გველგესლა, რომელიც სიცხისგან გამოვიდა, თავისით გამაგრდა მის ხელზე. ამის დანახვაზე, კუნძულზე მცხოვრები ხალხი ელოდებოდა რომ იგი მოულოდნელად მოკვდებოდა, მაგრამ როდესაც პავლეს არაფერი დაემართა, ხალხმა თქვა, რომ იგი ღმერთი იყო (სტროფი 6).

რადგან პავლე მოციქულს ჰქონდა გული, რომელიც სწორი იყო ღმერთის თვალში, მას იმდენად შეეძლო მისი ძალის გამომჟღავნება, რომ ხალხმა მას "ღმერთიც" კი დაუძახა.

ღმერთის ძალა, რომელიც ნათელია

ადამიანს ძალა იმიტომ არ ეძლევა, რომ მას ეს სურს; ძალა ეძლევა იმ ადამიანს, რომელიც ემსგავსება ღმერთს და რომელიც განწმენდილია. დღესაც კი, ღმერთი ეძებს ისეთ ადამიანს, რომელსაც შეუძლია თავისი ძალა მისცეს, რათა გამოიყენოს იგი დიდების ჭურჭლად. ზუსტად ამიტომ მარკოზი

16:20 შეგვახსენებს, რომ "ხოლო ისინი წავიდნენ და ქადაგებდნენ ყველგან უფლის შეწევნით, რომელიც განამტკიცებდა სიტყვას მათი თანმხლები სასწაულებით, ამინ." იესომ ასევე თქვა იოანე 4:48-ში, "თუკი არ იხილავთ სასწაულებსა და ნიშებს, არ ირწმუნებთ."

უთვალავი ადამიანის ხსნისკენ წაძღოლას ჭირდება ზეციდან დიდი ძალა, რომელსაც შეუძლია ნიშნებისა და სასწაულების მოხდენა, რომელიც ამტკიცებს ცოცხალ ღმერთს. ისეთ დროს, როდესაც ცოდვა და ბოროტება განსაკუთრებით არის გაბატონებული, ნიშნები და სასწაულები კიდევ უფრო მეტად არის საჭირო.

როდესაც ნათელში დავდივართ და სულში ვხდებით ერთი ჩვენს მამა ღმერთთან, ჩვენ შეგვიძლია ისეთი ძალის გამომჟღავნება, როგორიც იესომ გამოამჟღავნა. ეს იმიტომ, რომ უფალი დაგვპირდა, "ჭეშმარიტად, ჭეშმარიტად გეუბნებით თქვენ: ვისაც მე ვწამვარ, საქმეს, რომელსაც მე ვაკეთებ, თვითონაც გააკეთებს, და მეტსაც გააკეთებს, ვინაიდან მე მამასთან მივალ" (იოანე 14:12).

თუ კი ვინმე ამჟღავნებს სულიერი სამყაროს ისეთ ძალას, რომლის გამომჟღავნებაც მხოლოდ ღმერთით არის შესაძლებელი, მაშინ ამ ადამიანს უწოდებენ ღმერთს. როგორც ფსალმუნნი 62:11 შეგვახსენებს, "ერთხელ თქვა ღმერთმა, მე ორჯერ მოვისმინე, რომ ღვთისაა ძლიერება," ეშმაკს არ შეუძლია ისეთი

ძალის წარმოქმნა, რომელიც ღმერთს ეკუთვნის. რა თქმა უნდა, რადგან სულიერი არსებები არიან, ისინი ფლობენ ძალას, რომ შეცდომაში შეიყვანონ ხალხი და აიძულონ მათ ღმერთის წინააღმდეგ წასვლა. თუმცა, ერთი ფაქტორი რჩება უდავო: არცერთ არსებას არ შეუძლია ღმერთის ძალის იმიტირება, რომლითაც იგი აკონტროლებს სიცოცხლეს, სიკვდილს, კურთხევას, წყევლას და ადამიანთა მოდგმის ისტორიას. ძალა ეკუთვნის ღმერთის სამეფოს, რომელიც ნათელია და მისი გამომჟღავნება მხოლოდ იმ ადამიანს შეუძლია, რომელმაც მიაღწია განწმენდას და იესო ქრისტეს რწმენის ზომას.

განსხვავებები ღმერთის ძალაუფლებას, უნარსა და ძალას შორის

როდესაც ღმერთის უნარს ვეხებით, უამრავი ადამიანი ათანაბრებს ძალაუფლებას უნართან, ან უნარს ძალასთან, თუმცა, აშკარა განსხვავება არსებობს ამ სამს შორის.

"უნარი" არის რწმენის ძალა, რომლითაც შეუძლებელი რამ ადამიანისთვის, ღმერთისთვის შესაძლებელია. "ძალაუფლება" არის ღმერთის მიერ დადგენილი დიდებული, ღირსეული და ბრწყინვალე ძალა, და სულიერ სამყაროში უცოდველობა არის ძალა. სხვა სიტყვებით რომ ვთქვათ, ძალაუფლება არის თვითონ განწმენდა და

ღმერთის იმ განწმენდილ შვილებს, რომლებმაც სრულყოფილად განდევნეს ბოროტება და არაჭეშმარიტება თავიანთი გულებიდან, შეუძლიათ მიიღონ სულიერი ხელისუფლება.

მაშინ, რა არის ”ძალა”? ეს გულისხმობს ღმერთის უნარს და ძალაუფლებას, რომლითაც იგი აჯილდოვებს იმ ადამიანებს, რომლებსაც არ გააჩნიათ ბოროტება და რომლებიც განწმენდილნი არიან.

მიიღე ეს მაგალითად. თუ კი მძღოლს აქვს ”უნარი” ატაროს ავტომობილი, მაშინ მოძრაობის ოფიცერს, რომელიც მართავს მოძრაობას, აქვს ”ძალაუფლება” ნებისმიერი ავტომობილი გააჩეროს. ეს ძალაუფლება - რომ გააჩეროს და უკან გაგზავნოს ნებისმიერი ავტომობილი გზაზე - მთავრობისგან გადაეცა ოფიცერს. ამგვარად, მიუხედავად იმისა, რომ მძღოლს აქვს ”უნარი” ატაროს ავტომობილი, რადგან მაქვს არ აქვს მოძრაობის ოფიცრის ”ძალაუფლება”, როდესაც ოფიცერი მას ეუბნება, რომ გააჩეროს ავტომობილი ან განაგრძოს ტარება, მძღოლი უნდა დაემორჩილოს.

ამ გზით, ძალაუფლება და უნარი განსხვავდება ერთმანეთისგან და როდესაც ძალაუფლება და უნარი გაერთიანებულია, ჩვენ ამას ვეძახით ძალას. მათე 10:1-ში ჩვენ ვკითხულობთ, რომ "მოუხმო თავის თორმეტ მოწაფეს, და მისცა მათ ხელმწიფება უწმინდურ სულთა განდევნისა და ყოველგვარი სენისა თუ ყოველგვარი უძლურების განკურნებისა"

(მათე 10:1). ძალა იწვევს "ძალაუფლებას" ბოროტი სულების განსადევნად და "უნარი" ყველა ავადმყოფობის განკურნებისთვის.

განსხვავება განკურნების ნიჭსა და ძალას შორის

ის ადამიანები, რომლებმაც არ იციან ღმერთის ძალის შესახებ, ხშირად ათანაბრებენ მას განკურნების ნიჭთან. 1 კორინთელთა 12:9-ში განკურნების ნიჭი ნიშნავს ვირუსით ინფიცირებული ავადმყოფობების საქმეს. ამას არ შეუძლია სიყრუის და სიმუნჯის განკურნება, რომლებიც სხეულის ნაწილების გადაგვარების ან ნერვული უჯრედების სიკვდილის შედეგია. ასეთი ავადმყოფობების განკურნება შესაძლებელია მხოლოდ ღმერთის ძალით და რწმენით ლოცვით, რომელიც მას სიამოვნებს. გარდა ამისა, როდესაც ღმერთს ძალა ყოველთვის მჟღავნდება, განკურნების ნიჭი ყოველთვის არ მოქმედებს.

ერთის მხრივ, ღმერთი განკურნების ნიჭს იმ ადამიანებს აძლევს, რომლებსაც უყვართ და ლოცულობენ სხვებისთვის და მათი სულებისთვის და რომლებსაც ღმერთი თვლის შეუპოვრებად და გამოსადეგ ჭურჭლებად. თუმცა, თუ კი განკურნების ნიჭი გამოყენებულ იქნება არა მისი დიდებისთვის, არამედ ადამიანის საკუთარი სარგებლისთვის,

ღმერთი მას უდავოდ უკან წაიღებს.

მეორეს მხრივ, ღმერთი ძალა ეძლევა მხოლოდ იმ ადამიანს, რომელმაც მიაღწია გულის განწმენდას, და როდესაც ძალა მიეცემათ, ის არასოდეს სუსტდება, რადგან მიმღები არასოდეს გამოიყენებს მას საკუთარი სარგებელისთვის. ნაცვლად, რაც უფრო მეტად დაემსგავსება ადამიანი უფლის გულს, მით უფრო დიდ ღმერთის ძალას მიიღებს. თუ კი ადამიანის გული და ქმედება გახდება ერთი უფალთან, იგი გამოამჟღავნებს ღმერთის იმ ძალას, რომელსაც იესო ავლენდა.

არსებობს განსხვავებები იმაში, თუ როგორ არის ღმერთის ძალა გამოვლენილი. განკურნების ნიჭს არ შეუძლია სიკვდილის ან იშვიათი დაავადებების განკურნება და განკურნება განკურნების ნიჭით უფრო რთულია იმ ადამიანებისთვის, რომლებსაც მცირე რწმენა აქვთ. თუმცა, ღმერთის მალით ყველაფერია შესაძლებელი. როდესაც პაციენტი ავლენს თავისი რწმენის სულ მცირე მტკიცებასაც კი, ღმერთის ძალით განკურნება დაუყოვნებლივ ხდება. აქ, "რწმენა" გულისხმობს სულიერ რწმენას, რომლითაც ადამიანს გულის სიღრმიდან სწამს.

ღმერთის ძალის ოთხი დონე

იესო ქრისტეს მეშვეობით, რომელიც გუშინაც და დღესაც იგივეა, ყველა, ვინც ითვლება შესაფერის

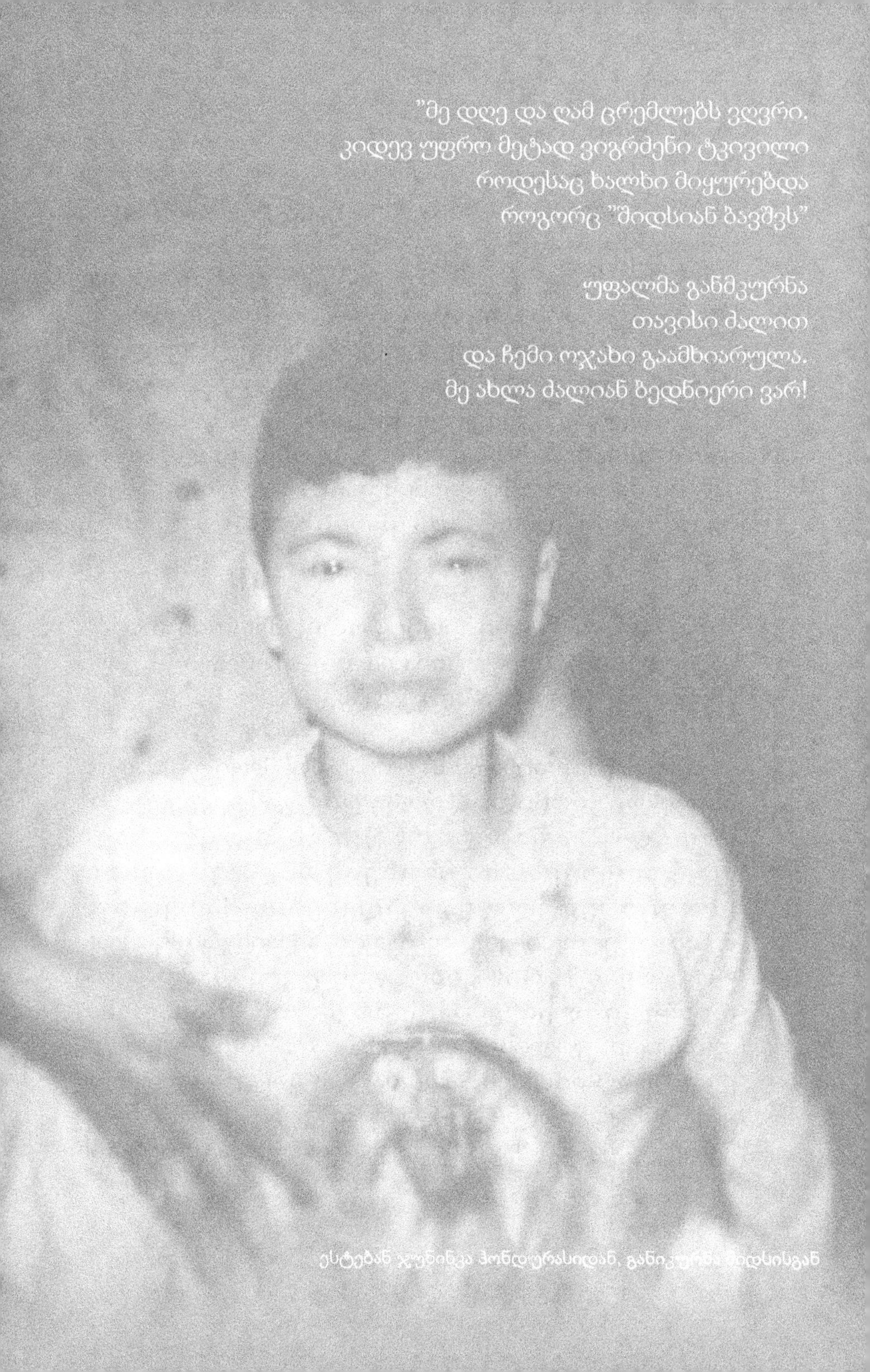

"მე დღე და ღამ ცრემლებს ვღვრი.
კიდევ უფრო მეტად ვიგრძენი ტკივილი
როდესაც ხალხი მიყურებდა
როგორც "შიდსიან ბავშვს"

უფალმა განმკურნა
თავისი ძალით
და ჩემი ოჯახი გაამხიარულა.
მე ახლა ძალიან ბედნიერი ვარ!

ესტებან ჯუნინკა ჰონდურასიდან, განიკურნა შიდსისგან

ჭურჭლად ღმერთის თვალში, შეეძლება მისი ძალის გამოვლენა.

ღმერთის ძალის გამოვლენაში არსებობს მრავალი სხვადასხვა დონე. რაც უფრო მეტად მიაღწევ სულს, ძალის მით უფრო მაღალ დონეზე გადახვალ და მიიღებ. ადამიანებს, რომლებსაც სულიერი თვალი აქვთ ახელილი, შეუძლიათ დაინახონ სინათლის გამობრწყინების სხვადასხვა დონეები ღმერთის ძალის თითოეული დონის თანახმად. ადამიანებს შეუძლიათ ღმერთის ძალის ოთხი დონის გამოვლენა.

ძალის პირველი დონე არის ღმერთის ძალის გამოვლენა წითელი სინათლით, რომელიც სული წმინდის ცეცხლით ანადგურებს.

სული წმინდის ცეცხლი გადმოჩქეფილი ძალის პირველი დონიდან, რომელიც გამოვლენილია წითელი სინათლით, წვავს და კურნავს დაავადებებს, მიკრობებით და ვირუსით ინფიცირებული დაავადებების ჩათვლით. შესაძლებელია ისეთი ავადმყოფობების განკურნება, როგორებიც არის კიბო, ფილტვის დაავადება, დიაბეტი, ლეიკემია, თირკმლის დაავადება, ართრიტი, გულის პრობლემები და შიდსი. თუმცა, ეს იმას არ ნიშნავს, რომ ძალის პირველ დონეზე ყველა ზემოთ აღნიშნული დაავადების განკურნებაა შესაძლებელი. იმ ადამიანებს, რომლებმაც ღმერთის

"მე დავინახე სინათლე...
საბოლოოდ გამოვაღწიე
თოთხმეტწლიანი
გვირაბიდან...
მე დანებებული ვიყავი,
მაგრამ ხელახლა დავიბადე
უფლის ძალით!"

შამა მასაზი პაკისტანიდან,
განთავისუფლდა თოთხმეტ წლიანი დემონის შეპყრობისგან

დაწესებული სიცოცხლის ზღვარს გადააბიჯეს, მაგალითად ადამიანები, რომლებიც კიბოს ან ფილტვის დაავადების ბოლო ეტაპზე არიან, ძალის პირველი დონე არ ეყოფათ.

სხეულის ნაწილების აღდგენას, რომლებიც დაზიანდა ან სათანადოდ არ ფუნქციონირებენ, სჭირდება უფრო დიდი ძალა, რომელიც არა მარტო განკურნავს, არამედ ახალ სხეულის ნაწილებს ხელახლა შექმნის. ასეთ შემთხვევაშიც კი, პაციენტის რწმენის სიდიდე და ასევე მისი ოჯახის რწმენის სიდიდე მისდამი სიყვარულში, განსაზღვრავს დონეს, რომელზეც ღმერთი გამოავლენს თავის ძალას.

მისი დაარსებიდან, მრავალი ძალის პირველი დონის გამოვლენა მოხდა მანმინის ცენტრალურ ეკლესიაში. როდესაც ხალხი ემორჩილება ღმერთის სიტყვას და იღებენ ლოცვას, ყველა მდგომარეობის დაავადება ინკურნება. როდესაც ხალხმა ხელი ჩამომართვა ან ჩემს ტანისამოსს შეეხო, ხელსახოცით მიიღეს ლოცვა, რომელზეც მე ვილოცე, ან როდესაც პაციენტის სურათზე ვილოცე, ჩვენ გავხდით ღმერთის განკურნების მომსწრენი.

ძალის პირველი დონის სამუშაო არ შემოიფარგლება სული წმინდის ცეცხლით განადგურებით. მაშინაც კი, როდესაც ადამიანი რწმენაში ლოცულობს და სული წმინდით ივსება, ნებისმიერ ადამიანს შეუძლია ღმერთის კიდევ უფრო დიდი ძალა გამოავლინოს. მაინც, ეს არის

დროებითი მოვლენა და არა ღმერთის ძალის უცვლელი დამამტკიცებელი საბუთი, რომელიც მხოლოდ მაშინ ხდება, როდესაც ეს მისი ნებაა.

ძალის მეორე დონე არის ღმერთის ძალის გამოვლენა ლურჯი სინათლით.

მალაქია 4:2 გვეუბნება, "ამოგიბრწყინდებათ, ჩემი სახელის მოშიშნო, მზე სიმართლისა და კურნება იქნება მის ფრთებზე; თქვენც გამოხვალთ და აკუნტრუშდებით ბაგის ხბოებივით." ადამიანებს, რომლებსაც სულიერი თვალი აქვთ ახელილი, ხედავენ ლაზერივით სინათლეების სხივებს, რომლებიც ასხივებენ განკურნების სხივებს.

ძალის მეორე დონეს შეუძლია წყვდიადის განდევნა და იმ ადამიანების განთავისუფლება, რომლებიც ეშმაკეულები არიან, რომლებსაც სატანა აკონტროლებს და რომლებიც ბოროტი სულების ბრძანებლობის ქვეშ არიან. ფსიქიკური დაავადებები მოდის სიბნელის ძალიდან, აუტიზმის და ნერვული აშლილობის ჩათვლით და ასეთი დაავადებები ინკურნება ძალის მეორე დონით.

ასეთი დაავადებების თავიდან აცილება შესაძლებელია მაშინ, როდესაც ჩვენ "ყოველთვის სიხარულით ვართ სავსენი" და "ყველაფრისთვის მადლიერები ვართ." იმის მაგივრად რომ ყოველთვის მხიარულად იყო და იყო მადლიერი ყველა ვითარებაში, თუ შენ შეიძულებ სხვებს,

დაიგროვებ ბოროტ გრძნობებს, იფიქრებ ნეგატიურად და ადვილად გაბრაზდები, მაშინ შენ უფრო ადვილად დაგემართება ასეთი ავადმყოფობები. როდესაც სატანის ძალები, რომლებიც ადამიანებს გულში და ფიქრებში ბოროტებას უქმნის, განდევნილი იქნება, ყველა ფსიქიკური დაავადება ბუნებრივად განიკურნება.

დროდადრო, ღმერთის ძალის მეორე დონით, ფიზიკური დაავადებები და უძლურებანი ინკურნება. ისეთი დაავადებები და უძლურებანი, რომლებიც მოდის დემონებისგან და ეშმაკისგან, ინკურნება ღმერთის ძალის მეორე დონის სინათლით. აქ, "უძლურებანი" გულისხმობს სხეულის ნაწილების პარალიზებასა და გადაგვარებას, მაგალითად სიმუნჯეს, სიყრუეს, ინვალიდობას, სიბრმავეს, დაბადებიდან პარალიზებას და ასე შემდეგ.

მარკოზი 9:14-დან მოყოლებული არის სცენა, სადაც იესო დევნის "ყრუ და მუნჯ სულს" ბიჭისგან (სტროფი 25). ეს ბიჭი მასში მყოფი ბოროტი სულის გამო გახდა ყრუ და მუნჯი. როდესაც იესომ ბოროტი სული განდევნა, ბიჭი მაშინვე განიკურნა.

ანალოგიურად, როდესაც ავადმყოფობის წყარო სიბნელის ძალაა, დემონების ჩათვლით, ბოროტი სულები უნდა განიდევნოს, რათა პაციენტი განიკურნოს. თუ კი ადამიანი იტანჯება პრობლემებით საჭმლის მონელების სისტემაში ან ნერვული აშლილობით, წყარო უნდა განიდევნოს

"ღმერთო!
როგორ არის ეს შესაძლებელი?
როგორ შემიძლია სიარული?"

კენიელი მოხუცებული ქალი, რომელმაც სიარული დაიწყო
მქადაგებლის კათედრიდან ლოცვის შემდეგ

სატანის ძალის განდევნით. ისეთ დაავადებებში, როგორებიც პარალიზი და ართრიტია, სიბნელის ძალების პოვნა შესაძლებელია. ზოგჯერ, როდესაც სამედიცინო დიაგნოზი ვერაფერს ვერ პოულობს ფიზიკურად, ხალხი იტანჯება სხეულის სხვადასხვა ადგილებში ტკივილისგან. როდესაც ასეთი ადამიანისთვის ვლოცულობ, ისინი, რომლებსაც სულიერი თვალები აქვთ ახელილი, ხშირად ხედავენ სიბნელის ძალებს საზიზღარი ცხოველების ფორმაში, რომლებიც პაციენტის სხეულს ტოვებენ.

გარდა სიბნელის ძალებისა, რომლებიც დაავადებებში და უძლურებანშია, ღმერთის ძალის მეორე დონეს ასევე შეუძლია სახლში ან სამსახურში აღმოჩენილი სიბნელის ძალების განდევნა. როდესაც ადამიანი, რომელიც ღმერთის ძალის მეორე დონეს ავლენს, მიდის იმ ადამიანების სახლში, რომლებსაც სახლში ან სამსახურში პრობლემები აქვთ, როგორც კი სიბნელე განიდევნება და ნათელი მივა ხალხთან, მათ კურთხევები ეძლევათ მათი ქმედებების მიხედვით.

მკვდრის გაცოცხლება ან ადამიანის ცხოვრების შეწყვეტა ღმერთის ნების თანახმად, ასევე ღმერთის ძალის მეორე დონის საქმეა. შემდეგი მაგალითები შედის ამ კატეგორიაში: პავლე მოციქულმა გააცოცხლა ევტიქე (საქმე 20:9-12); ანანიას და საფირას ეშმაკობა პეტრეს მიმართ და მისი წყევლა, რომელმაც შედეგად მათი სიკვდილი გამოიწვია (საქმე 5:1-11); ელიას დაწყევლა ბავშვების მიმართ,

"მეთვითონაც აღარ მინდოდა შეხედვა
ჩემს სხეულზე
იმდენად დამწვარი იყო...

როდესაც მარტო ვიყავი,
იგი მოვიდა ჩემთან,
გამომიწოდა ხელი,
და მის გვერდით დამსვა...

მისი სიყვარულით და გამოცხადებით
მე მივიღე ახალი სიცოცხლე...
არსებობს რაიმე,
რასაც არ გავაკეთებდი უფლისთვის?"

უფროსი დიაკონესი ეუნდეუკ კიმი,
განიკურნა თავიდან ფეხებამდე
მესამე ხარისხის დამწვრობისგან

რომელმაც ასევე მათი სიკვდილი გამოიწვია (2 მეფეთა 2:23-24).

თუმცა, არსებობს ფუნდამენტალური განსხვავებები იესოს საქმესა და პავლე მოციქულის, პეტრეს და ელია წინასწარმეტყველის საქმეს შორის. საბოლოოდ, ღმერთს როგორც ყველა სულის უფალი, უნდა დაეშვა ზოგი ადამიანის სიკვდილი და ზოგი ადამიანის სიცოცხლე. მაინც, რადგან იესო და ღმერთი ერთი არიან, იესოს ნება იყო ღმერთის ნება. ზუსტად ამიტომ იესოს შეეძლო მკვდრის გაცოცხლება მხოლოდ მისი სიტყვით ბრძანებით (იოანე 11:43-44), როდესაც სხვა წინასწარმეტყველებს და მოციქულებს ღმერთის ნებისთვის უნდა ეთხოვათ და მისი დამტკიცება ნებისმიერ ადამიანს გააცოცხლებდა.

ძალის მესამე დონე არის ღმერთის ძალის გამოვლენა თეთრი ან უფერული სინათლით და თან ახლავს ყველანაირი ნიშნები და შექმნის საქმეები.

ღმერთის ძალის მესამე დონეზე, ყველანაირი ნიშანი და შექმნის საქმეა გამოვლენილი. აქ, "ნიშნები" გულისხმობს განკურნებას, რომლითაც ბრმას თვალი ეხილება, მუნჯი საუბარს იწყებს და ყრუს სმენა უბრუნდება. კოჭლი სიარულს იწყებს, დამოკლებული ფეხები იზრდება და დაწყებითი სტადიის პარალიზი ან ცერებრული დამბლა სრულიად ინკურნება. ხდება დაბადებიდან

მოყოლებული დეფორმირებული ან მთლიანად გადაგვარებული სხეულის ნაწილები აღდგენა. დამსხვრეული ძვლები მთელდება, დაკარგული ძვლები ხელახლა იქმნება, მოკლე ენები გრძელდება და მყესები ხელახლა ერთდება. გარდა ამისა, რადგან ღმერთის ძალის პირველი, მეორე და მესამე დონის სინათლეები გამოვლენილია ერთდროულად მესამე დონეზე, არანაირი ავადმყოფობა და უძლურება არ შექმნის პრობლემას.

მაშინაც კი, თუ ადამიანი თავიდან ფეხებამდე დამწვარია და მისი უჯრედები და კუნთებიც დამწვარია, ღმერთს შეუძლია ყველაფრის ხელახლა შექმნა. როგორც ღმერთს შეუძლია არაფრისგან რაღაცის შექმნა, მას შეუძლია არა მარტო უსულო ობიექტების შეკეთება, არამედ ასევე ადამიანის სხეულის ნაწილებისაც.

მანმინის ცენტრალურ ეკლესიაში, ხელსახოცის ლოცვით ან ტელეფონზე ავტომატურ შეტყობინებაზე ჩაწერილი ლოცვით, შიდა ორგანოები, რომლებიც სათანადოდ არ ფუნქციონირებდა ან მძიმედ დაზიანებული იყო, განახლდა. როგორც სასტიკად დაზიანებული ფილტვები ინკურნება, როდესაც თირკმელები და ღვიძლები, რომლებსაც გადანერგვა სჭირდება, ხდება ნორმალური, ღმერთის ძალის მესამე დონეზე, შექმის ძალის სქმე უწყვეტად ვლინდება.

არსებობს ერთი ფაქტორი, რომელიც მკაფიოდ უნდა იქნას განსხვავებული. ერთის მხრივ, თუ კი

სხეულის ნაწილის ფუნქციონირების სისუსტე განზახლა, ეს არის ღმერთის ძალის პირველი დონის სამუშაო. მეორეს მხრივ, თუ კი სხეულის ნაწილის ფუნქციონირება, რომელსაც აღდგენის შანსი არ ჰქონდა, განახლდა ან ხელახლა შეიქმნა, ეს არის ღმერთის ძალის მესამე დონის სამუშაო.

ძალის მეოთხე დონე არის ღმერთის ძალის გამოვლენა ოქროსფერი სინათლით და არის ძალის განხორციელება.

როგორც ჩვენ შეგვიძლია ვთქვათ იესოს მიერ გამოვლენილი ძალით, ძალის მეოთხე დონე მართავს ყველაფერს, ამინდს და უსულო საგნებსაც კი უბრძანებს მორჩილებას. მათე 21:9-ში, როდესაც იესომ დაწყევლა ლეღვის ხე, ჩვენ ვკითხულობთ, რომ "მაშინვე გახმა ლეღვის ხე." მათე 8:23-ში არის სცენა, სადაც იესომ უბრძანა ქარს და ტალღებს და სრულიად დამშვიდდა. ბუნებაც კი და ისეთი უსულო ობიექტები, როგორიც ქარი და ზღვაა, ემორჩილება იესოს ბრძანებას.

იესომ ერთხელ უთხრა პეტრეს, რომ ღრმა წყალში გასულიყო და ბადე ჩაეგდო თევზის დასაჭერად, და როდესაც პეტრე დაემორჩილა, მან იმდენი თევზი დაიჭირა, რომ მისმა ბადემ გახევა დაიწყო (ლუკა 5:4-6). სხვა დროს, იესომ უთხრა პეტრეს, "წადი ზღვის პირას, ჩააგდე ანკესი, აიღე პირველივე თევზი, რომელსაც დაიჭერ, გაუღე პირი, და შიგ ჰპოვებ

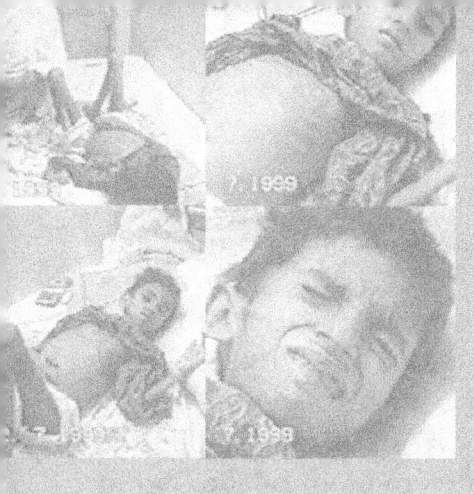

"ძალიან მტკივნეული...
ძალიან მტკივნეულია,
რომ თვალების გახელა არ
შემიძლია...
არავინ იცოდა რას
ვგრძნობდი,
მაგრამ უფალმა ყველაფერი
იცოდა
და განმკურნა."

-სინთია პაკისტანიდან,
განიკურნა კუჭ-ნაწლავის დაავადებისგან

სტატირს: მიიტანე და მიეცი მათ ჩემი და შენი სახელით" (მათე 17:24-27).

როგორც ღმერთმა ყველაფერი სამყაროში თავისი სიტყვით შექმნა, როდესაც იესომ უბრძანა სამყაროს, ისიც დაემორჩილა და გახდა რეალური. ანალოგიურად, როდესაც ჭეშმარიტ რწმენას მივაღწევთ, ჩვენ დავრწმუნდებით იმაში, რისი იმედიც გვაქვს და რასაც ვერ ვხედავთ (ებრაელთა 11:1), და ძალის სამუშაო, რომელიც ყველაფერს ქმნის არაფრისგან, გამოვლენილი იქნება.

გარდა ამისა, ღმერთის ძალის მეოთხე დონეზე, ძალა გამოვლენილია დროის და სივრცის საზღვრებს გარეთ.

იესოს ღმერთის ძალის გამოვლენებს შორის, რამდენიმე მათგანმა გადააბიჯა დროის და სივრცის საძღვარს. მარკოზი 7:24-ში არის სცენა, სადაც ქალი ეხვეწება იესოს თავისი ქალიშვილის დემონებისგან გათავისუფლებას. როდესაც ამ ქალის თავმდაბლობა და რწმენა დაინახა, იესომ უთხრა მას, "მაგ სიტყვისათვის წადი; გამოვიდა ეშმაკი შენი ასულისაგან" (სტროფი 29). როდესაც ქალი სახლში დაბრუნდა, მან დაინახა ლოგინზე მწოლიარე ქალიშვილი და დემონი განდევნილი იყო.

მიუხედავად იმისა, რომ პირადად იესო დაავადებულთან არ მივიდა, როდესაც მან ავადმყოფის რწმენა დაინახა და ბრძანა, მოხდა

განკურნება, რომელმაც დროის და სივრცის ზღვარს გადააბიჯა.

იესოს წყალზე სიარული, რომელიც არის საქმე, რომელიც მან გამოავლინა, ასევე ამტკიცებს იმ ფაქტს, რომ სამყაროში ყველაფერი იესოს ძალაუფლების ქვეშ არის.

გარდა ამისა, იესო გვეუბნება იოანე 14:12-ში "ჭეშმარიტად, ჭეშმარიტად გეუბნებით თქვენ: ვისაც მე ვწამვარ, საქმეს, რომელსაც მე ვაკეთებ, თვითონაც გააკეთებს, და მეტსაც გააკეთებს, ვინაიდან მე მამასთან მივალ." როგორც მან დაგვარწმუნა, დღეს მანმინის ცენტრალურ ეკლესიაში ღმერთის გასაოცარი ძალაა გამოვლენილი.

მაგალითად, სხვადასხვა სასწაულები ხდება, რომლებშიც ამინდი იცვლება. როდესაც მე ვლოცულობ, თავსხმა წვიმა თვალის დახამხამებაში ჩერდება; ძალიან მუქი ღრუბელი უკან იხევს; და მოწმენდილი ცა წამში ღრუბლებით ივსება. ასევე უთვალავი მაგალითიც იყო, როდესაც უსულო საგნები ემორჩილებოდა ჩემს ლოცვას. სიცოცხლის საფრთხის შემთხვევაშიც კი, ნახშირბადის მონოქსიდით მოწამლული ადამიანი, რომელიც უგონოდ იყო, ჩემი ბრძანებიდან ორ წუთში გონზე მოვიდა და არც გვერდითი მოვლენები არ ჰქონია. როდესაც ვილოცე ადამიანისთვის, რომელსაც მესამე ხარისხის დამწვრობა ჰქონდა, იგი არანაირ ტკივილს აღარ გრძნობდა.

გარდა ამისა, ღმერთის ძალა, რომელიც დროის და

სივრცის საზღვარს აბიჯებს, კიდევ უფრო ხშირად ხდება. სინთიას, მქადაგებელი ვილსონ ჯონ გილის, პაკისტანის მანმინის ეკლესიის უფროსი პასტორის ქალიშვილის შემთხვევა განსაკუთრებით მნიშვნელოვანია. როდესაც სინთიასთვის მის სურათზე ვილოცე სეულში, კორეაში, გოგონამ, რომელზეც ექიმებს ყველანაირი იმედი ჰქონდათ დაკარგული, სწრაფად განიკურნა ჩემი ათასობით მილის დაშორებით ლოცვის შემდეგ.

ძალის მეოთხე დონეზე, გამოვლენილია გაერთიანებული პირველი, მეორე, მესამე და მეოთხე ძალის დონეები.

შექმნის ყველაზე დიდი ძალა

ბიბლიაში წერია, იესოს მიერ გამოვლენილი ძალა, რომელიც ძალის მეოთხე დონეზე მაღლაა. ძალის ეს დონე, ყველაზე მაღალი ძალა, ეკუთვნის შემოქმედს. ეს ძალა არ არის გამოვლენილი იმავე დონეზე, რომელზეც ადამიანებს შეუძლიათ ღმერთის ძალის გამოვლენა. ნაცვლად, ეს ძალა მოდის თავდაპირველი სინათლიდან, რომელიც გამობრწყინდა როდესაც ღმერთი მარტო არსებობდა.

იოანე 11-ში, იესომ უბრძანა ლაზარეს, რომელიც ოთხი დღის მკვდარი იყო, "ლაზარე, გამოდი გარეთ!" მის ბრძანებაზე, მკვდარი გამოვიდა გარეთ, სახვევით ხელ-ფეხ შეკრული და სახეშესუდრული

(სტროფები 43-44).

მას შემდეგ რაც ადამიანი განდევნის ყველანაირ ბოროტებას, განიწმინდება და თავისი მამა ღმერთის გულს დაემსგავსება, იგი შევა სულიერ სამყაროში. რაც უფრო დიდი ცოდნა აქვს სულიერი სამყაროს შესახებ, მით უფრო მაღალი იქნება მისი ღმერთის ძალის გამოვლენა, რომელიც მეოთხე დონეს აცდენა.

ამ დროს, იგი მიაღწევს ძალის დონეს, ძალა, რომლის გამოვლენაც მხოლოდ ღვთაებას შეუძლია, რომელიც შექმნის ყველაზე მაღალი ძალაა. როდესაც ადამიანი სრულყოფილად მიაღწევს ამას, იმ დროს, როდესაც ღმერთმა ყველაფერი შექმნა სამყაროში თავისი ბრძანებით, იგი ასევე გამოავლენს გასაოცარ შექმნის სამუშაოს.

მაგალითად, როდესაც იგი უბრძანებს ბრმა ადამიანს, "გაახლე თვალები," ბრმა ადამიანს თვალები მაშინვე აეხილება. როდესაც იგი მუნჯ ადამიანს უბრძანებს, "ილაპარაკე!" მუნჯი დაუყოვნებლივ დაიწყებს ლაპარაკს. როდესაც იგი კოჭლს უბრძანებს, "ადექი," კოჭლი ადგება და სირბილს დაიწყებს. როდესაც იგი ბრძანებს, ნაიარევები და სხეულის ნაწილები რომლებიც გამოფიტული იყო, აღდგება.

ამის მიღწევა შესაძლებელია ღმერთის სინათლით და ხმით, რომელიც დროის დაწყებამდე არსებობდა როგორც სინათლე და ხმა. როდესაც შექმნის უსაზღვრო ძალა ხმით იქნება გამოვლენილი, სინათლე ჩამოვა და სასწაული მოხდება. ეს არის

გზა, რომლითაც ის ადამიანები განკურნავენ, რომლებმაც გადააბიჯეს ღმერთის დაწესებულ სიცოცხლის ზღვარს, და ავადმყოფობები და უძლურებანი, რომელთა განკურნებაც შეუძლებელია ძალის პირველი, მეორე და მესამე დონით.

ღმერთის ძალის მიღება

როგორ უნდა დავემსგავსოთ ღმერთის გულს, მივიღოთ მისი ძალა და წავუძღვეთ უთვალავ ადამიანს ხსნის გზისაკენ?

პირველი, ჩვენ არა მარტო თავი უნდა ავარიდოთ ყველანაირ ბოროტებას და მივაღწიოთ განწმენდას, არამედ ასევე უნდა მივაღწიოთ გულის სიკეთეს და უნდა გვქონდეს ყველაზე დიდი სიკეთის სურვილი.

თუ კი არ გაქვს ბოროტი გრძნობები ან დისკომფორტი იმ ადამიანის წინააღმდეგ, რომელმაც შენი ცხოვრება უკიდურესად მძიმე გახადა ან ზიანი მოგაყენა, ეს იმას ნიშნავს, რომ შენ გულის სიკეთე გაქვს? არა, ეს არ არის სწორი. მაშინაც კი, თუ არ არსებობს გულის თრთოლა ან დისკომფორტის შეგრძნება და შენ ელოდები და უძლებ, ღმერთის თვალში ეს არის უბრალოდ სიკეთის პირველი ნაბიჯი.

სიკეთის უფრო მაღალ დონეზე, ადამიანი ისაუბრებს და მოიქცევა ისე, რომ იმ ადამიანებს გულს აუჩუყებს, რომლებმაც მას ზიანი მიაყენეს. ყველაზე მაღალ სიკეთეზე, რომელიც ღმერთს სიამოვნებს, ადამიანს უნდა შეეძლოს საკუთარი სიცოცხლის დათმობა თავისი მტრისთვის.

იესოს შეეძლო იმ ადამიანების პატიება, რომლებმაც იგი ჯვარს აცვეს და ამ ადამიანებისთვის, მან თავისუფლად დათმო საკუთარი სიცოცხლე, რადგან იგი ფლობდა ყველაზე დიდ სიკეთეს. მოსეს და პავლე მოციქულიც მზად იყვნენ საკუთარი სიცოცხლე დაეთმოთ იმ ადამიანებისთვის, რომლებიც მათ მოკვლას აპირებდნენ.

როდესაც ღმერთი ისრაელის ხალხის განადგურებას აპირებდა, რომლებიც კერპთთაყვანისმცემლობას ეწეოდნენ, როგორ მოიქცა ამ დროს მოსე? მან დარწმუნებით სთხოვა ღმერთს: "ახლა მიუტევე მათ ეს ცოდვა, თუ არა და, ამომშალე შენი დაწერილი წიგნიდან." (გამოსვლა 32:32) პავლე მოციქულიც იგივე იყო. როგორც მან განაცხადა რომაელთა 9:3-ში, "ასე რომ, ვისურვებდი თვითონვე ვყოფილიყავი შეჩვენებული და ქრისტესაგან მოკვეთილი ჩემი ძმების, ჩემი სისხლისა და ხორცის გამო," პავლემ მიაღწია სიკეთეს და ამგვარად ღმერთის ძალა ყოველთვის მასთან ერთად იყო.

შემდეგი, ჩვენ უნდა მივაღწიოთ სულიერ სიყვარულს.

დღეს სიყვარული მნიშვნელოვნად შემცირებულია. მიუხედავად იმისა, რომ უამრავი ადამიანი ეუბნება ერთმანეთს "მე შენ მიყვარხარ", რაღაც დროის განმავლობაში ჩვენ ვხედავთ, რომ ეს "სიყვარული" არის ხორციელი სიყვარული, რომელიც იცვლება. ღმერთის სიყვარული არის სულიერი სიყვარული, რომელიც იზრდება დღითი დღე და დეტალურად არის აღწერილი 1 კორინთელთა 13-ში.

პირველი, "სიყვარული სულგრძელია და კეთილმოწყალე; სიყვარულს არ შურს." ჩვენმა უფალმა მოგვიტევა ყოველი ცოდვა და შეცდომა და გახსნა ხსნის გზა ჩვენთვის. მაგრამ, მიუხედავად იმისა, რომ ჩვენ ვაღიარებთ ჩვენს უფლისადმი სიყვარულს, სწრაფად არ ვამჟღავნებთ ჩვენი ძმებისა და დების ცოდვებს? სწრაფად არ ვკიცხავთ სხვებს, როდესაც ეს ადამიანები არ მოგვწონს? გვიეჭვიანია, როდესაც სხვისი ცხოვრება კარგად მიდის ან იმედგაცრუებულად გვიგვრძნია თავი?

შემდეგი, სიყვარული "არ ქედმაღლობს, არ ზვაობს, " (სტროფი 4) მაშინაც კი თუ ჩვენ გარედან თითქოს უფალს ვადიდებდეთ, თუ ჩვენ გვაქვს გული, რომელსაც სურს სხვებისგან აღიარდეს,

უგულვებელყოთ და ვასწავლოთ სხვებს ჩვენი ძალაუფლების პოზიციის გამო, ეს იქნება ტრაბახი და სიამაყე.

გარდა ამისა, სიყვარული "არ უკეთურობს, არ ეძებს თავისას, არ მრისხანებს, არ იზრახავს ბოროტს" (სტროფი 5). ჩვენი უხეში მოქცევა ღმერთისა და ხალხისადმი, ჩვენი ცვალებადი გული და გონება, რომლებიც ადვილად იცვლება, ჩვენი ადვილად გამოხატული ბოროტი გრძნობები, ჩვენი მიდრეკილება რომ სხვებზე ნეგატიურად და ბოროტულად ვიფიქროთ, არ წარმოქმნის სიყვარულს.

ასევე, სიყვარული "არ შეჰხარის უსამართლობას, არამედ ჭეშმარიტებით ხარობს" (სტროფი 6). თუ სიყვარული გვაქვს, ჩვენ ყოველთვის ჭეშმარიტებით უნდა ვიაროთ. როგორც 3 იოანე 1:4 გვეუბნება, "რა უნდა იყოს ჩემთვის უფრო სასიხარულო, ვიდრე იმის გაგება, თუ როგორ დადიან ჭეშმარიტებით ჩემი შვილები," ჭეშმარიტება უნდა იყოს ჩვენი სიამოვნების და ბედნიერების წყარო.

და ბოლოს, სიყვარული "ყველაფერს იტანს, ყველაფერი სწამს, ყველაფრის იმედი აქვს, ყველაფერს ითმენს" (სტროფი 7). იმ ადამიანებმა, რომლებსაც ჭეშმარიტად უყვართ ღმერთი, იციან ღმერთის ნება და ამგვარად მათ ყველაფრის სწამთ.

ზუსტად როგორც ხალხი დარწმუნებით ელოდება უფლის დაბრუნებას, მორწმუნეების აღდგომას და ზეციურ ჯილდოებს, მათ იმედი აქვთ ამ ყველაფრის, უძლებენ სირთულეებს და ცდილობენ მისი ნება შეასრულონ.

მისი სიყვარულის მტკიცებულების საჩვენებლად იმ ადამიანებს, რომლებიც ემორჩილებიან ბიბლიაში ჩაწერილ ჭეშმარიტებას, როგორიც არის სიკეთე სიყვარული და სხვები, ღმერთი საჩუქრად თავის ძალა მისცემს. მასაც ასევე ძლიერი სურვილი აქვს შეხვდეს და უპასუხოს იმ ადამიანებს, რომლებიც ცდილობენ ნათელში სიარულს.

ამგვარად, შენი საკუთარი თავის აღმოჩენით, დაე შენ, რომელსაც გსურს ღმერთის კურთხევის და პასუხების მიღება, გახდე მზა ჭურჭელი მის წინაშე და გამოცადო ღმერთის ძალა, მე ვლოცულობ იესო ქრისტეს სახელით!

აღთქმა 6

ბრმა ადამიანს თვალი აეხილება

იოანე 9:32-33

სად გაგონილა, რომ
ვინმეს თვალი
აეხილოს
ბრმადშობილისთვის?
ღმრთისაგან რომ არ იყოს,
ვერაფერსაც ვერ გახდებოდა

საქმე 2:22-ში იესოს მოწაფე პეტრე, სული წმინდის მიღების შემდეგ, დაელაპარაკა ებრაელებს წინასწარმეტყველი იოელის სიტყვების დამოწმებით. "კაცნო ისრაელტნო, ისმინეთ ეს სიტყვები: იესო ნაზორეველი, კაცი თქვენდამი მოვლინებული ღვთისაგან ძალით, ნიშებით და სასწაულებით, მის მიერ რომ მოახდინა ღმერთმა თქვენს შორის, როგორც თვითონვე უწყით." იესოს გამოვლენილი ძალა, ნიშნები და სასწაულები იყო მტკიცებულებები, რომლებიც ამოწმებდნენ, რომ იესო, რომელიც ებრაელებმა ჯვარს აცვეს, მართლაც მესია იყო, რომლის მოსვლას წინასწარ იყო ნათქვამი ძველ აღთქმაში.

გარდა ამისა, პეტრემ თვითონ გამოავლინა ღმერთის ძალა სული წმინდის მიღების შემდეგ. მან განკურნა კოჭლი ღატაკი (საქმე 3:8), ხალხმა მოიყვანა ავადმყოფები ქუჩაში და დააწვინეს ლოგინებზე, რათა პეტრეს ჩრდილი მაინც მოჰფენოდათ მათ, როდესაც იგი ჩაივლიდა (საქმე 5:15).

რადგან ძალა არის თავდებობა, რომელიც ამტკიცებს ღმერთის არსებობას იმ ადამიანით, რომელიც გამოავლენს ძალას და ყველაზე საიმედო

გზა, რომ ურწმუნო ადამიანების გულში რწმენის თესლი დათესილიყო, ღმერთმა ძალა იმ ადამიანებს მისცა, რომლებსაც იგი შესაფერისად თვლიდა.

იესო კურნავს დაბადებიდან ბრმა კაცს

იოანე 9 იწყება, როდესაც იესო თავის გზაზე შეხვდა კაცს, რომელიც დაბადებიდან ბრმა იყო. იესოს მოწაფეებს სურდათ გაეგოთ, თუ რატომ იყო კაცი დაბადებიდან ბრმა. "რაბი, ვინ სცოდა? ამან თუ ამისმა მშობლებმა, ბრმა რომ დაიბადა?" (სტროფი 2) პასუხად, იესომ აუხსნა მათ, რომ კაცი დაბადებიდან იმიტომ იყო ბრმა, რომ ღმერთის ძალა ყოფილიყო გამოვლენილი მის ცხოვრებაში (სტროფი 3). შემდეგ მან დააფურთხა მიწაზე, ტალახი შექმნა ნერწყვით, წაუსვა კაცს თვალებზე და უბრძანა დაბადებიდან ბრმა კაცს, "წადი და მოიბანე სილოამის აუზში" (სტროფი 6-7). როდესაც კაცი დაუყოვნებლივ დაემორჩილა და სილოამის აუზში ჩამოიბანა, მას თვალი აეხილა.

მიუხედავად იმისა, რომ ბიბლიაში სხვა მრავალი ადამიანია, რომლებიც იესომ განკურნა, ერთი განსხვავება გამოყოფს ამ ბრმა კაცს სხვებისგან. კაცს არ უხვეწნია განკურნება იესოსთვის; პირიქით, იესო მივიდა კაცთან და მთლიანად განკურნა.

მაშინ, რატომ მიიღო ამ ბრმა კაცმა ასეთი დიდი წყალობა?

პირველი, კაცი იყო მორჩილი.

ჩვეულებრივი ადამიანისთვის, ყველაფერი რაც იესომ გააკეთა - მიწაზე დაფურთხება, ტალახის შექმნა, კაცის თვალებზე წასმა და შემდეგ თქმა მისთვის, რომ წასულიყო და სილოამის აუზში ჩამოებანა - არაფერს ნიშნავს. საღი აზრი ჩვეულებრივ ადამიანს არ აძლევს საშუალებს ირწმუნოს ის, რომ კაცის თვალებზე ტალახის წასმა და შემდეგ ჩამობანვა, კურნავს ბრმა ადამიანს. გარდა ამისა, თუ ამ ბრმა კაცმა გაიგონა ბრძანება, მაგრამ არ იცოდა ვინ იყო იესო, იგი და სხვა ადამიანებიც არა მარტო არ ირწმუნებდნენ, არამედ აღშფოთდებოდნენ კიდეც. მაგრამ, ეს ასე არ იყო ამ კაცის შემთხვევაში. როდესაც იესომ უბრძანა, კაცი დაემორჩილა და სილოამის აუზში ჩამოიბანა თვალები. საბოლოო ჯამში და საკვირველად, მას თვალები აეხილა.

თუ შენ ფიქრობ, რომ ღმერთის სიტყვა არ ეთანხმება ადამიანის საღ აზრს ან გამოცდილებას, ეცადე დაემორჩილო მის სიტყვას თავმდაბალი გულით, როგორც ბრმა კაცმა ქნა. შემდეგ ღმერთის წყალობა მოვა შენთან და როგორც ბრმა კაცს თვალი

აეხილა, შენც მიიღებ გასაოცარ გამოცდილებას.

მეორე, თანდაყოლილი ბრმა კაცს სულიერი თვალები, რომლებსაც შეეძლოთ ჭეშმარიტების არაჭეშმარიტებისგან განსხვავება, აეხილა.

განკურნების შემდეგ მისი ებრაელებთან საუბრიდან, ჩვენ შეგვიძლია ვთქვათ, რომ როდესაც ბრმა კაცის თვალები ფიზიკურად დახურული იყო, მისი გულის სიკეთეში, მას შეეძლო სიკეთის ბოროტებისგან განსხვავება. პირიქით, ებრაელები იყვნენ სულიერად ბრმები, დახურული რჯულის სასტიკ საზღვრით. როდესაც ებრაელებმა კითხეს განკურნების დეტალები, კაცმა გაბედულად უპასუხა, "კაცმა, რომელსაც ჰქვია იესო, ტალახი მოზილა, თვალებზე მცხო და მითხრა, სილოამს წადი და მოიბანეო. მეც წავედი, მოვიბანე და ამეხილა თვალი" (სტროფი 11).

ურწმუნოებაში, როდესაც ებრაელებმა ყურადღებით დაკითხეს კაცი, "რას იტყვი მასზე, ვინც თვალი აგიხილა?" კაცმა უპასუხა, "წინასწარმეტყველია" (სტროფი 17). კაცმა იფიქრა, რომ თუ კი იესო საკმარისად ძლიერი იყო, რომ სიბრმავე განეკურნა, მაშინ იგი ღმერთის კაცი იქნებოდა. ირონიულად, ებრაელებმა უთხრეს კაცს: მიაგე დიდება ღმერთს: ჩვენ ვიცით, რომ ის კაცი

ცოდვილია" (სტროფი 24).

როგორი ულოგიკოა მათი განაცხადი? ღმერთი არ პასუხობს ცოდვილის ლოცვას. იგი მას არც ძალას აძლევს, რომ ბრმა კაცს თვალი აუხილოს და დიდება მიიღოს. მიუხედავად იმისა, რომ ებრაელებს ვერც გაეგოთ და არც სწამდათ, კაცმა განაგრძო გაბედული და ჭეშმარიტი აღიარებები: "ჩვენ ვიცით, რომ ღმერთი არ უსმენს ცოდვილებს; არამედ ვინც ღვთისმოსავია და ასრულებს ღმრთის ნებას, მას უსმენს. სად გაგონილა, რომ ვინმეს თვალი აეხილოს ბრმადშობილისთვის? ღმრთისაგან რომ არ იყოს, ვერაფერსაც ვერ გახდებოდა" (სტროფები 31-33).

რადგან შექმნის დროიდან არავინ არ განკურნებულა სიბრმავისგან, ვინც კი გაიგებდა ამ კაცის ამბავს, ყველა უნდა გახარებულიყო და მასთან ერთად აღენიშნათ ეს შემთხვევა. ნაცვლად, ებრაელებს შორის დაიწყო მსჯავრის დადება, განკიცხვა და მტრობა. რადგან ებრაელები სულიერად უცოდინრები იყვნენ, მათ იფიქრეს, რომ ეს ღმერთის საქმე იყო ღმერთი წინააღმდეგი ქმედება. თუმცა, ბიბლია გვეუბნება, რომ მხოლოდ ღმერთს შეუძლია ბრმა ადამიანს თვალი აუხილოს.

ფსალმუნნი 146-8 შეგვახსენებს, რომ "იეჰოვა უხელს ბრმებს თვალებს, იეჰოვა უმართავს წელს მოხრილებს, იეჰოვას უყვარს მართლები," როდესაც ესაია 29:18 გვეუბნება, "გაიგონებენ იმ დღეს ყრუები

წიგნის სიტყვებს და ბრმათა თვალები ბნელიდან და უკუნიდან გამოიხედავენ." ესაია 35:5 ასევე გვეუბნება, "მაშინ აეხილებათ თვალები ბრმებს და ყრუებს სასმენელნი გაეხსნებათ." აქ, "იმ დღეს" და "მაშინ" გულისხმობს იმ დროს, როდესაც იესო მოვიდა და ბრმა კაცს თვალი აუხილა.

მიუხედავად ამ სტროფების და შეხსენებებისა, მათ სასტიკ საზღვრებსა და ბოროტებაში, ებრაელებს არ სწამდათ იესოს მიერ გამოვლენილი ღმერთის ძალის, და სამაგიეროთ განაცხადეს, რომ იესო იყო ცოდილი, რომელიც არ დაემორჩილა ღმერთის სიტყვას. მიუხედავად იმისა, რომ ბრმა კაცს რჯულის შესახებ დიდი ცოდნა არ ჰქონდა, საკუთარ კეთილ სინდისში, მან იცოდა ჭეშმარიტება: რომ ღმერთი არ უსმენს ცოდვილებს. კაცმა ასევე იცოდა, რომ ბრმა კაცის განკურნება მხოლოდ ღმერთს შეეძლო.

მესამე, ღმერთის წყალობის მიღების შემდეგ, კაცი წარსდგა უფლის წინაშე და გადაწყვიტა ახალი ცხოვრებით ცხოვრება.

დღემდე, მე მოწმე გავხდი მრავალი მაგალითისა, როდესაც ხალხმა სიკვდილის ზღურბლზე მიიღო ძალა და პასუხები ყველა პრობლემაზე მანმინის ცენტრალურ ეკლესიაში. თუმცა, ვწუხვარ იმ ადამიანებისთვის, რომელთა გულებიც ღმერთის

"დედა,
ძალიან დამაბრმავებელია...
ცხოვრებაში პირველად,
მე ვხედავ სინათლეს...
არასოდეს მეგონა
რომ ეს მოხდებოდა..."

ჯენიფერ როდრიგეზი ფილიპინებიდან,
რომელიც დაბადებიდან ბრმა იყო,
რვა წლის განმავლობაში პირველად დაინახა

წყალობის მიღების შემდეგაც კი იცვლება და იმ ადამიანებისთვის, რომლებმაც მიატოვეს თავიანთი რწმენა და დაუბრუნდნენ ამ სამყაროს. როდესაც მათი სიცოცხლე ტკივილსა და ტანჯვაში იყო, ეს ხალხი ცრემლებით ლოცულობდა, "როდესაც განვიკურნები, მხოლოდ უფლისთვის ვიცხოვრებ." როდესაც განკურნება და კურთხევები მიიღეს, საკუთარი სარგებელისთვის ამ ხალხმა დაივიწყა წყალობა და ჩამოშორდნენ ჭეშმარიტებას. მაშინაც კი, თუ ფიზიკური პრობლემები მოუგვარდათ, ეს უშედეგოა, რადგან მათი სულები ხსნის გზას ასცდნენ და ჯოჯოხეთის გზას ადგანან.

იმ კაცს, რომელიც დაბადებიდან ბრმა იყო, ჰქონდა კეთილი გული, რომელიც არ დაივიწყებდა წყალობას. ზუსტად ამიტომ, როდესაც იგი იესოს შეხვდა, იგი არა მარტო სიბრმავისგან განიკურნა, არამედ ხსნის კურთხევაც მიიღო. როდესაც იესომ ჰკითხა მას, "გწამს კაცის ძე?" კაცმა უპასუხა, "ვინ არის, უფალო, რომ ვიწამო?" (სტროფები 35-36). როდესაც იესომ უპასუხა, "შენ გინახავს იგი; ვინც გელაპარაკება, სწორედ ის არის," კაცმა განაცხადა, "მწამს, უფალო" (სტროფები 37-38). კაცმა უბრალოდ არ "იწამა"; მან იესო მიიღო ქრისტედ. ეს იყო კაცის მტკიცე აღიარება, რომლითაც მან გადაწყვიტა მხოლოდ უფლისთვის ეცხოვრა.

ღმერთს სურს, რომ ყოველი ჩვენთაგანი მის

“ჩემი გული წარმიძღვა იმ ადგილისაკენ…

მე ხმოლოდ წყალობა მსურდა…

ღმერთმა დიდი საჩუქარი გამიკეთა.
მხედველობის დაბრუნებაზე მეტად
ის მაბედნიერებს
რომ
მე შევხვდი ცოცხალ ღმერთს!”

მარია ჰონდურასიდან,
რომელმაც მარჯვენა თვალში მხედველობა დაკარგა,
როდესაც ორი წლის იყო,
დოქტორი ჯაეროკ ლისგან ლოცვის შემდეგ
მას მხედველობა დაუბრუნდა

წინაშე ასეთი გულით წარსდგეს. მას სურს, რომ ვემებოთ იგი და არა მხოლოდ იმიტომ, რომ იგი გვკურნავს და კურთხევას გვაძლევს. მას სურს, რომ ჩვენ გავიგოთ ჭეშმარიტი გული, რომელმაც გასწირა თავისი ერთადერთი ძე ჩვენთვის და სურს, რომ იესო ჩვენს მხსნელად მივიღოთ. გარდა ამისა, ჩვენ იგი არა მარტო ტუჩებით უნდა გვიყვარდეს, არამედ ჩვენი ღმერთის სიტყვის ქმედებებით. იგი გვეუბნება 1 იოანე 5:3-ში "ვინაიდან ღვთის სიყვარული ისაა, რომ ვიმარხავდეთ მის მცნებებს; მისი მცნებები კი მძიმე როდია." თუ ჭეშმარიტად გვიყვარს ღმერთი, ჩვენ უნდა განვდევნოთ ყოველივე ბოროტება, რომელიც ჩვენშია და ყოველ დღე ნათელში ვიაროთ.

როდესაც ღმერთს რაიმეს ვთხოვთ ასეთი რწმენით და სიყვარულით, როგორ არ გვიპასუხებს იგი? მათე 7:11-ში, როგორც იესო დაგვპირდა, "ხოლო თუ თქვენ, უკეთურთ, შეგიძლიათ კეთილი საზომვარი მისცეთ თქვენს შვილებს, რაოდენ უფრო მეტ სიკეთეს მისცემს მამა თქვენი ზეციერი მის მიმართ მთხოვნელთ?" გწამდე, რომ ჩვენი მამა ღმერთი უპასუხებს თავისი საყვარელი შვილების ლოცვებს.

ამგვარად, არ აქვს მნიშვნელობა თუ როგორი ავადმყოფობით ან პრობლემით წარსდგები ღმერთის წინაშე. აღიარებით, "მწამს, უფალო!" როდესაც აჩვენებ შენი რწმენის ქმედებებს, უფალი, რომელმაც

“ექიმებმა მითხრეს, რომ
მალე დავბრმავდებოდა...
ყველაფერმა დაიწყო
გაქრობა...
დიდი მადლობა, უფალო,
სინათლის მოცემისთვის...
მე შენ გელოდებოდი...”

მქადაგებელი რიკარდო მორალესი ჰონდურასიდან,
რომელიც თითქმის დაბრმავებული იყო
უბედური შემთხვევის შემდეგ,
მაგრამ დაუბრუნდა მხედველობა

ბრმა კაცი განკურნა, ყველანაირ ავადმყოფობას განკურნას, შეუძლებელს შესაძლებელს გახდის და შენს ცხოვრებაში ყველა პრობლემას მოაგვარებს.

ბრმა ადამიანის განკურნება მანმინის ცენტრალურ ეკლესიაში

1982 წელს დაფუძნებიდან, მანმინმა მნიშვნელოვნად ადიდა ღმერთი მრავალი ადამიანის სიბრმავის განკურნებით. ბერმა ადამიანმა, რომლებიც დაბადებიდან ბრმები იყვნენ, ლოცვის შემდეგ მხედველობა მიიღეს. აქ მოყვანილია მრავალ მტკიცებებს შორის რამდენიმე გასაოცარი მაგალითი.

როდესაც 2002 წლის ივლისში დიდ გაერთიანებულ ლაშქრობას ვხელმძღვანელობდი ჰონდურასში, იქ იყო თორმეტი წლის გოგონა სახელად მარია, რომელმაც მხედველობა დაკარგა ორი წლის ასაკში მძიმე სიცხის გამო. მისმა მშობლებმა უშედეგოდ მრავალი რამ სცადეს მისი მხედველობის დასაბრუნებლად. მარიამ რქოვანას გადანერგვაც მიიღო მაგრამ უშედეგოდ. გადანერგვის წარუმატებლობის შემდეგ, მარჯვენა თვალში სინათლესაც კი ვერ ხედავდა.

შემდეგ 2002 წელს, ღმერთის წყალობის დიდი

სურვილით, მარია დაესწროა ლაშქრობას, სადაც მან მიიღო ლოცვა, დაიწყო სინათლის დანახვა და მხედველობა დაუბრუნდა. მარჯვენა თვალში მკვდარი ნერვები ღმერთის მალით განახლდა. როგორი გასაოცარია ეს? ჰონდურასში განუზომელი რაოდენობის ხალხმა იზეიმა და იძახდნენ, "ღმერთი მართლაც ცოცხალია და დღესაც კი ჩვენთვის მოქმედებს!"

პასტორი რიკარდო მორალესი თითქმის დაბრმავებული იყო, მაგრამ მთლიანად განიკურნა მუანის ტკბილი წყალით. ჰონდურასის ლაშქრობამდე შვიდი წლით ადრე, პასტორი რიკარდო ავტოავარიაში მოყვა, სადაც მისი თვალის ბადურა კრიტიკულად დაზიანებული იყო და მძიმე ჰემორაგიიდ იტანჯებოდა. ექიმებმა პასტორს უთხრეს, რომ თანდათანობით დაკარგავდა მხედველობას და მთიანად დაბრმავდებოდა. მაგრამ, იგი განკურნა ჰონდურასში, 2002 წლის ეკლესიის ლიდერების კონფერენციის პირველ დღეს. ღმერთის სიტყვის მოსმენის შემდეგ, რწმენით პასტორმა რიკარდომ მუანის ტკბილი წყალი წაისვა თვალებზე და ერთ წუთში იგი უკვე ხედავდა. თავდაპირველად, რადგან იგი არ ელოდებოდა არაფერს ამდაგვარს, პასტორი რიკარდო ვერ იჯერებდა. იმ საღამოს, პასტორი რიკარდო თავისი სათვალეებით დაესწრო ლაშქრობის პირველ სესიას.

შემდეგ, მოულოდნელად, მისი სათვალეებიდან ლინზები ჩამოვარდა და მან გაიგონა სული წმინდის ხმა. "თუ სათვალეებს არ მოიხსნი, ბრმა დარჩები." პასტორმა რიკარდომ მოიხსნა სათვალეები და გააცნობიერა, რომ ყველაფერს ნათლად ხედავდა. მას მხედველობა დაუბრუნდა და მეტად ადიდა ღმერთი.

კენიაში ნაიროზის მანმინის ეკლესიაში, ახალგაზრდა კაცი სახელად კომბო თავის მშობლიურ ქალაქს ეწვია, რომელიც ეკლესიიდან დაახლოებით 400 კილომეტრშია. ვიზიტის დროს, მან თავის ოჯახს სახარება გაუზიარა და უთხრა მათ, რომ სეულში, მანმინის ცენტრალურ ეკლესიაში ღმერთის ძალის გამოვლენა ხდებოდა. მან ილოცა მათთვის ხელსახოცით, რომელზეც მე ვილოცე. კომბომ ასევე წარადგინა თავისი ოჯახი კალენდარში, რომელიც ეკლესიამ დაბეჭდა.

მას შემდეგ, რაც დაინახა თავისი შვილიშვილის სახარების ქადაგება, კომბოს ბებიამ, რომელიც ბრმა იყო, თავისთვის გაიფიქრა დიდი სურვილით, "მინდა დოქტორი ჯაეროკ ლის სურათი ვნახო," როდესაც კალენდარი ხელში ეჭირა. ამას რაც მოჰყვა იყო სასწაულებრივი. როგორც კი კომბოს ბებიამ გადაშალა კალენდარი, მას მხედველობა მიეცა და დაინახა სურათი. ალილუია! კომბოს ოჯახმა გამოცადა ღმერთის ძალა, რომელმაც თავლი

აუხილა ბებიას და მიიღეს რწმენა ცოცხალ ღმერთში. გარდა ამისა, როდესაც ეს ამბავი სოფელში გავრცელდა, ხალხმა მოითხოვა, რომ ფილიალი ეკლესია გახსნილიყო მათ სოფელშიც.

მთელი მსოფლიოს გარშემო მრავალი ძალის სამუშაოთი, ახლა მსოფლიოს მასშტაბით ათასობით მანმინის ეკლესიის ფილიალებია და ყველგან იქადაგება სიწმინდის სახარება. როდესაც აღიარებ და ირწმუნებ ღმერთის ძალას, შენც გახდები მისი კურთხევების მემკვიდრე.

როგორც იესოს დროს იყო, ღმერთის ერთად დიდების მაგივრად, უამრავი ადამიანი დღეს სული წმინდის წინააღმდეგ ლაპარაკობს, კიცხავენ და სჯიან. ჩვენ უნდა გავაცნობიეროთ, რომ ეს არის საზარელი ცოდვა, როგორც იესომ სპეციალურად გვითხრა მათე 12:31-32-ში: "ამიტომ გეუბნებით თქვენ: ყოველი ცოდვა და გმობა მიეტევება ადამიანებს, მაგრამ სულის გმობა არ მიეტევება მათ. ვინც იტყვის სიტყვას კაცის ძის წინააღმდეგ, მიეტევება მას; მაგრამ ვინც იტყვის სიტყვას სული წმიდის წინააღმდეგ, არ მიეტევება მას, არც ამ წუთისოფლად და არც საუკუნო სოფლად."

იმისათვის, რომ არ ვიყოთ სული წმინდის სამუშაოს წინააღმდეგები, და სამაგიეროთ გამოვცადოთ ღმერთის გასაოცარი ძალა, ჩვენ უნდა

ვაღიაროთ მისი საქმე, ზუსტად როგორც კაცმა ქნა იოანე 9-ში.

როგორც ფსალმუნნი 18:25-26 გვეუბნება, "ერთგულს ერთგულებით უპასუხებ, და უბიწო კაცს უბიწოდ მოექცევი; წმინდისთვის წმინდა იქნები, ხოლო მზაკვრისთვის - ცბიერი," დაე თითოეული თქვენთაგანი , ღმერთში რწმენით, გახდეს მისი კურთხევების მემკვიდრე, მე ვლოცულობ ჩვენი უფალი იესო ქრისტეს სახელით!

აღთქმა 7

ხალხი ადგება, გადაყრის ჯოხებს და სიარულს დაიწყებს

მარკოზი 2:3-12

"მოვიდნენ და მოჰგვარეს დავრდომილი,
რომელიც ოთხ კაცს მოჰყავდა.
და რაკი ხალხის სიმრავლის გამო ვერ შესძლეს
მასთან მისვლა,
სახურავი ახადეს სახლს,
სადაც ის იმყოფებოდა,
და ჭერიდან ჩაუშვეს სარეცელი, რომელზედაც
დავრდომილი იწვა. მათი რწმენა რომ იხილა, იესომ
უთხრა დავრდომილს:
შვილო, მოგეტევა შენი ცოდვები.
იჯდა იქ ზოგიერთი მწიგნობარი
და გულში ამბობდა:
ამას რას ამბობს?
ღმერთსა ჰგმობს: ვის შეუძლია ცოდვათა მიტევება,
გარდა ერთის - ღმერთისა? ხოლო იესომ მყისვე
შეიცნო სულით,
რასაც ფიქრობდნენ, და
უთხრა მათ: რად ფიქრობთ მაგას
თქვენს გულში? რა უფრო ადვილია: ამისი თქმა
დამბლადაცემულის მიმართ:
მოგეტევოს შენი ცოდვები; თუ ამისა: აღდეგ, აიღე
შენი სარეცელი და წადი?
მაგრამ რათა იცოდეთ, რომ ძეს კაცისას
ძალი შესწევს ამ ქვეყნად ცოდვათა მიტევებისა,
- უთხრა დავრდომილს:
შენ გეუბნები: აღდეგ,
აიღე შენი სარეცელი და წადი შენს სახლში.
ისიც მაშინვე აღდგა, აიღო თავისი სარეცელი
და გამოვიდა ყველას წინაშე,
ისე რომ, უკვირდა ყველას, ადიდებდნენ ღმერთს და
ამბობდნენ: არასოდეს ამგვარი რამ არ გვინახავსო"

ბიბლია გვეუბნება, რომ იესოს დროს, უამრავმა ადამიანმა, რომლებიც პარალიზებულები იყვნენ ან კოჭლები, მიიღეს სრულყოფილი განკურნება და ადიდეს ღმერთი. როგორც ღმერთი დაგვპირდა ესაია 35:6-ში, "მაშინ ირემივით იხტუნებს მკელობელი და მუნჯის ენა იგალობებს," და კიდევ ერთხელ ესაია 49:8-ში, "მოწყალების ჟამს შეგიწყნარე და ხსნის დღეს შეგეწიე, დაგიცავ და გაგხდი აღთქმად ხალხისათვის ქვეყნის აღსადგენად, უკაცრიელ სამკვიდროთა დასანაწილებლად," ღმერთი არა მარტო გვიპასუხებს, იგი ასევე წაგვიძღვება ხსნისაკენ.

ეს უწყვეტად მტკიცდება დღეს მანმინის ცენტრალურ ეკლესიაში, სადაც ღმერთის გასაოცარი ძალის სამუშაოთი უამრავმა პაციენტმა დაიწყო სიარული, ადგნენ ინვალიდის სავარძლებიდან და გადაყარეს ყავარჯნები.

როგორი რწმენით მივიდა იესოს წინაშე დამბლადაცემული მარკოზი 2-ში და მიიღო ხსნა და პასუხები? მე ვლოცულობ, რომ თქვენ, რომლებსაც ამჟამად არ შეგიძლიათ სიარული რაიმე ავადმყოფობის გამო, ადგებით და დაიწყებთ სიარულს.

დამბლადაცემულმა გაიგო ამბავი იესოს შესახებ

მარკოზი 2-ში დაწვრილებითი აღწერაა დამბლადაცემულის, რომელმაც განკურნება მიიღოს იესოსგან, როდესაც იესო კაპერნაუმში იყო. იმ ქალაქში ცხოვრობდა ძალიან ღარიბი დამბლადაცემული ადამიანი, რომელსაც სხვების დახმარების გარეშე ადგომა არ შეეძლო. მაგრამ, მან გაიგო ამბავი იესოს შესახებ, რომელმაც ბრმას მხედველობა დაუბრუნა, კოჭლი ფეხზე დააყენა, ბოროტი სულები განდევნა და განკურნა ხალხი სხვადასხვა ავადმყოფობებისგან. რადგან კაცს კეთილი გული ჰქონდა, როდესაც იესოს შესახებ გაიგო, მან გაიხსენა ისინი და იესოსთან შეხვედრის ძლიერი სურვილი გაუჩნდა.

ერთ დღეს, მან შეიტყო რომ იესო კაპერნაუმში მოვიდა. როგორი აღელვებული და გახარებული იქნებოდა იესოსთან შეხვედრის შესახებ? თუმცა, დამბლადაცემულს თვითონ მისვა არ შეეძლო და ამიტომ მეგობრებს სთხოვა იესოსთან მიეყვანათ. საბედნიეროდ, რადგან მისმა მეგობრებმა კარგად იცოდნენ იესოს შესახებ, ისინი დაეთანხმნენ დახმარებაზე.

დამბლადაცემული და მისი მეგობრები მივიდნენ იესოსთან

დამბლადაცემული კაცი და მისი მეგობრები მივიდნენ იმ სახლში, სადაც იესო ქადაგებდა, მაგრამ რადგან უამრავი ხალხი იყო შეკრებილი, მათ კარებთან ახლოს ვერ იპოვნეს ადგილი. ამ გარემოებამ არ მისცა დამბლადაცემულ კაცს და მის მეგობრებს საშუალება იესოსთან მისულიყვნენ. მათ ალბათ სთხოვეს ხალხს, "გთხოვთ, გაიწიეთ! კრიტიკულად მძიმე პაციენტი მოგვყავს!" მიუხედავად ამისა, სახლი და სახლის გარშემო ხალხით იყო სავსე. თუ კი დამბლადაცემულ კაცს და მის მეგობრებს საკმარისი რწმენა არ ექნებოდათ, ისინი იესოს ნახვის გარეშე ალბათ სახლში დაბრუნდებოდნენ.

თუმცა, ისინი არ დანებდნენ და აჩვენეს თავიანთი რწმენა. მას შემდეგ რაც მოიფიქრეს თუ როგორ უნდა შეხვედრილიყვნენ იესოს, როდესაც დამბლადაცემული კაცის მეგობრებმა ბოლო იმედი გამოიყენეს, დაიწყეს იესოს მაღლა ჭერში ხვრელის გაკეთება. მაშინაც კი, თუ ბოდიშს მოუხდიდნენ სახლის პატრონს და მოგვიანებით გადაუხდიდნენ ზარალისთვის, დამბლადაცემულ კაცს დ მის მეგობრებს ასე ძალიან უნდოდათ იესოსთან მისვლა და განკურნების მიღება.

რწმენას თან ახლავს ქმედებები და რწმენის ქმედებები მხოლოდ მაშინ არის ნაჩვენები, როდესაც

თავს დაიმდაბლებ მოკრძალებული გულით. გიფიქრია როდესმე ან გითქვამს საკუთარი თავისთვის, "მიუხედავად იმისა რომ მინდა, ჩემი ფიზიკური ვითარება საშუალებას არ მაძლევს ეკლესიაში წავიდე?" თუ კი დამბლადაცემული კაცი ასჯერ აღიარებდა, "უფალო, მწამს, რომ შენ იცი რომ მოსვლა არ შემიძლია, რადგან დამბლადაცემული ვარ. მე ასევე მწამს, რომ შენ განმკურნავ მაშინაც კი, თუ ჩემს ლოგინში ვიწვები," მაშინ ვერ ვიტყოდით, რომ მან თავისი რწმენა გამოხატა.

არ აქვს მნიშვნელობა თუ რად დაუჯდებოდა, დამბლადაცემული კაცი მივიდა იესოსთან განკურნების მისაღებად. კაცს სწამდა, რომ როდესაც იესოს შეხვდებოდა განიკურნებოდა და მან სთხოვა თავის მეგობრებს, რომ იესოსთან წაეყვანათ. გარდა ამისა, რადგან მის მეგობრებსაც ჰქონდათ რწმენა, ისინი მოემსახურნენ თავიანთ დამბლადაცემულ მეგობარს და ჭერში ხვრელიც კი გათხარეს.

თუ შენ ჭეშმარიტად გწამს, რომ ღმერთის წინაშე განიკურნები, მის წინაშე წარსდგომა არის შენი რწმენის მტკიცებულება. ზუსტად ამიტომ, მას შემდეგ რაც კაცის მეგობრებმა ხვრელი გათხარეს ჭერში, ჭილობი, რომელზეც კაცი იწვა, ჩაუშვეს და იესოს წინაშე წარადგინეს. იმ დროს, ისრაელში სახურავები იყო ბრტყელი და ყოველი სახლის გვერდით იყო კიბე, რომ ხალხი სახურავზე ადვილად ასულიყო. გარდა ამისა, სახურავის კრამიტების მოხსნა ადვილი იყო. ამ ყველაფერმა

საშუალება მისცა დამბლადაცემულ კაცს, ყველაზე ახლოს მისულიყო იესოსთან.

ჩვენ შეგვიძლია მივიღოთ პასუხები მას შემდეგ, რაც ცოდვის პრობლემას მოვაგვარებთ

მარკოზი 2:5-ში, ჩვენ ვკითხულობთ, რომ იესო აშკარად ნასიამოვნებია დამბლადაცემული კაცის რწმენის ქმედებებით. სანამ იგი განკურნავდა კაცს, რატომ უთხრა მას იესომ, "შვილო, მოგეტევა შენი ცოდვები"? ეს იმიტომ, რომ განკურნებამდე ადამიანს ჯერ ცოდვები უნდა მიეტევოს.

გამოსვლა 15:25-ში უფალი გვეუბნება, "თუ გაიგონებ უფლის, შენი ღვთის ხმას და სწორად მოიქცევი მის თვალში, ყურს დაუგდებ მის ბრძანებებს და დაიცავ ყველა მის წესს, არ შეგყრი არცერთ სენს, ეგვიპტეს რომ შევყარე, რადგან მე ვარ უფალი, შენი გამკურნებელი." აქ, "სენი, ეგვიპტეს რომ შევყარე" გულისხმობს ადამიანისთვის ცნობილ ყველა დაავადებას. ამგვარად, როდესაც ჩვენ მის ბრძანებებს ვემორჩილებით და მისი სიტყვით ვცხოვრობთ, ღმერთი დაგვიცავს, რათა არანაირი დაავადება არ შეგვეყაროს. გარდა ამისა, რჯული 28-ში, ღმერთი გვპირდება, რომ თუ კი მას დავემორჩილებით და მისი სიტყვით ვიცხოვრებთ, ჩვენს სხეულებს არანაირი ავადმყოფობა არ

შეეყრება. იოანე 5-ში, კაცის განკურნების შემდეგ, რომელიც 48 წლის განმავლობაში ავად იყო, იესომ უთხრა მას, "აჰა, განიკურნე; ნუღარა სცოდავ, რათა უარესი არ დაგემართოს" (სტროფი 14).

რადგან ყველა დაავადება იწყება ცოდვიდან, სანამ დამბლადაცემულ კაცს განკურნავდა, იესომ ჯერ მას მიუტევა. თუმცა, იესოს წინაშე წარსდგომას, ყოველთვის მიტევება არ მოჰყვება შედეგად. განკურნების მისაღებად, ჩვენ ჯერ ცოდვები უნდა მოვინანიოთ. თუ შენ ცოდვილი იყავი, შენ უნდა გახდე ადამიანი, რომელიც აღარ იდენს ცოდვებს; თუ შენ მატყუარა იყავი, მაშინ უნდა გახდე ადამიანი, რომელიც აღარ იტყუება, და თუ სხვები გძულდა, ისინი აღარ უნდა გძულდეს. მხოლოდ იმ ადამიანებს აძლევს ღმერთი მიტევებას, რომლებიც მის სიტყვას ემორჩილებიან. გარდა ამისა, აღიარება "მე მწამს" არ გაძლევს მიტევებას; როდესაც ნათელში გახვალ, ჩვენი უფლის სისხლი ბუნებრივად გაგწმენდს ცოდვებისგან (1 იოანე 1:7).

დამბლადაცემული იწყებს სიარულს ღმერთის ძალით

მარკოზი 2-ში ჩვენ ვხედავთ, რომ მიტევების მიღების შემდეგ, დამბლადაცემული კაცი ადგა, აიღო თავის სარეცელი და ყველას დასანახად გარეთ გავიდა. როდესაც იგი იესოსთან მივიდა, სარეცელზე

იწვა. თუმცა, კაცი განიკურნა, როდესაც იესომ უთხრა, "შვილო, მოგეტევა შენი ცოდვები" (სტროფი 5). თუმცა, იმის მაგივრად რომ განკურნებით გახარებული ყოფილიყვნენ, რჯულის სწავლულებმა ჩხუბი დაიწყეს. როდესაც იესომ უთხრა კაცს, "შვილო, მოგეტევა შენი ცოდვები," მათ თავისთვის გაიფიქრეს, "ამას რას ამბობს? ღმერთსა ჰგმობს: ვის შეუძლია ცოდვათა მიტევება, გარდა ერთის - ღმერთისა?" (სტროფი 7)

შემდეგ იესომ მიუგო მათ, "რად ფიქრობთ მაგას თქვენს გულში? რა უფრო ადვილია: ამისი თქმა დამბლადაცემულის მიმართ: მოგეტევოს შენი ცოდვები; თუ ამისა: აღდეგ, აიღე შენი სარეცელი და წადი? მაგრამ რათა იცოდეთ, რომ ძეს კაცისას ძალი შესწევს ამ ქვეყნად ცოდვათა მიტევებისა" (სტროფები 8-10). მათი ღმერთის განგებაზე განათლების შემდეგ, როდესაც იესომ უთხრა დავრდომილს, "შენ გეუბნები: აღდეგ, აიღე შენი სარეცელი და წადი შენს სახლში," (სტროფი 11) კაცი დაუყოვნებლივ ადგა და წავიდა. სხვა სიტყვებით რომ ვთქვათ, იმ კაცისთვის, რომელიც დავრდომილი იყო, განკურნების მიღება აღნიშნავს იმას, რომ მან მიიღო მიტევება და რომ ღმერთმა უზრუნველყო იესოს ნათქვამი ყოველი სიტყვა. ეს ასევე არის იმის მტკიცებულება, რომ ყოვლისშემძლე ღმერთმა უზრუნველყო იესო ადამიანთა მოდგმის მხსნელად.

ფეხზე ადგომის და სიარულის მაგალითები

იოანე 14:11-ში იესო გვეუბნება, "მერწმუნეთ, რომ მე მამაში ვარ, მამა კი - ჩემში; თუ არა და, ჩემს საქმეს მაინც ერწმუნეთ. " ამგვარად, ჩვენ უნდა გვწამდეს, რომ მამა ღმერთი და იესო არიან ერთი, იმის დანახვით, რომ დამბლადაცემულ კაცს, რომელიც იესოსთან მივიდა რწმენით, ცოდვები მიეტევა და იესოს ბრძანებაზე ადგა და დაიწყო სიარული.

გარდა ამისა, იესო ასევე გვეუბნება იოანე 14:12-ში "ჭეშმარიტად, ჭეშმარიტად გეუბნებით თქვენ: ვისაც მე ვწამვარ, საქმეს, რომელსაც მე ვაკეთებ, თვითონაც გააკეთებს, და მეტსაც გააკეთებს, ვინაიდან მე მამასთან მივალ." როდესაც ღმერთის სიტყვის 100%-ით მწამდა, როდესაც ღმერთის მსახური გავხდი, მისი ძალის მისაღებად მრავალი დღის განმავლობაში ვლოცულობდი და ვმარხულობდი. მაშასადამე, დაავადებების განკურნების მტკიცებულებები, რომელთა განკურნებაც თანამედროვე მედიცინით და მეცნიერებით ვერ მოხერხდა, მისი დაფუძნებიდან, მანმინის ეკლესიაში ეს ხშირად ხდება.

1993 წლიდან 2004 წლამდე ჩატარებული ორკვირიანი განსაკუთრებული ქადაგების შეკრებებით და მსოფლიოს გარშემო დიდი გაერთიანებული ლაშქრობებით, უამრავმა

ადამიანმა გამოცადა ღმერთის გასაოცარი ძალა.

აქ მოყვანილია რამდენიმე მაგილითი იმ მრავალი შემთხვევიდან, როდესაც ხალხი ადგა და სიარული და სირბილი დაიწყო.

9 წლის განმავლობაში ინვალიდის სავარძელში ჯდომის შემდეგ ფეხზე დადგომა

პირველი მტკიცება არის დიაკონ იონსუპ კიმის. 1990 წლის მაისში, იგი ჩამოვარდა ხუთ სართულიანი შენობიდან, როდესაც ელექტრო სამუშაოს ასრულებდა დაედოკის მეცნიერების ქალაქში სამხრეთ კორეაში. ეს მოხდა მაშინ, სანამ კიმი ღმერთს იწამებდა.

ჩამოვარდნის შემდეგ იგი დაუყოვნებლივ წაიყვანეს იოსუნგის საავადმყოფოში, სადაც იგი ექვსი თვის განმავლობაში კომაში იყო. თუმცა, კომიდან გამოღვიძების შემდეგ, ტკივილი და მოტეხილობა მეთერთმეტე და მეთორმეტე გულმკერდთან დაკავშირებულ მალებში და თიაქართან მეოთხე და მეხუთე ლუმბალურ ლამაში, აუტანლად მძიმე იყო. საავადმყოფოში ექიმებმა კიმს უთხრეს, რომ მისი მდგომარეობა კრიტიკული იყო. რამდენიმეჯერ იგი სხვადასხვა საავადმყოფოებში წაიყვანეს. თუმცა, მის მდგომარეობაში ყოველივე პროგრესის გარეშე, კიმი იყო პირველ ხარისხიანი

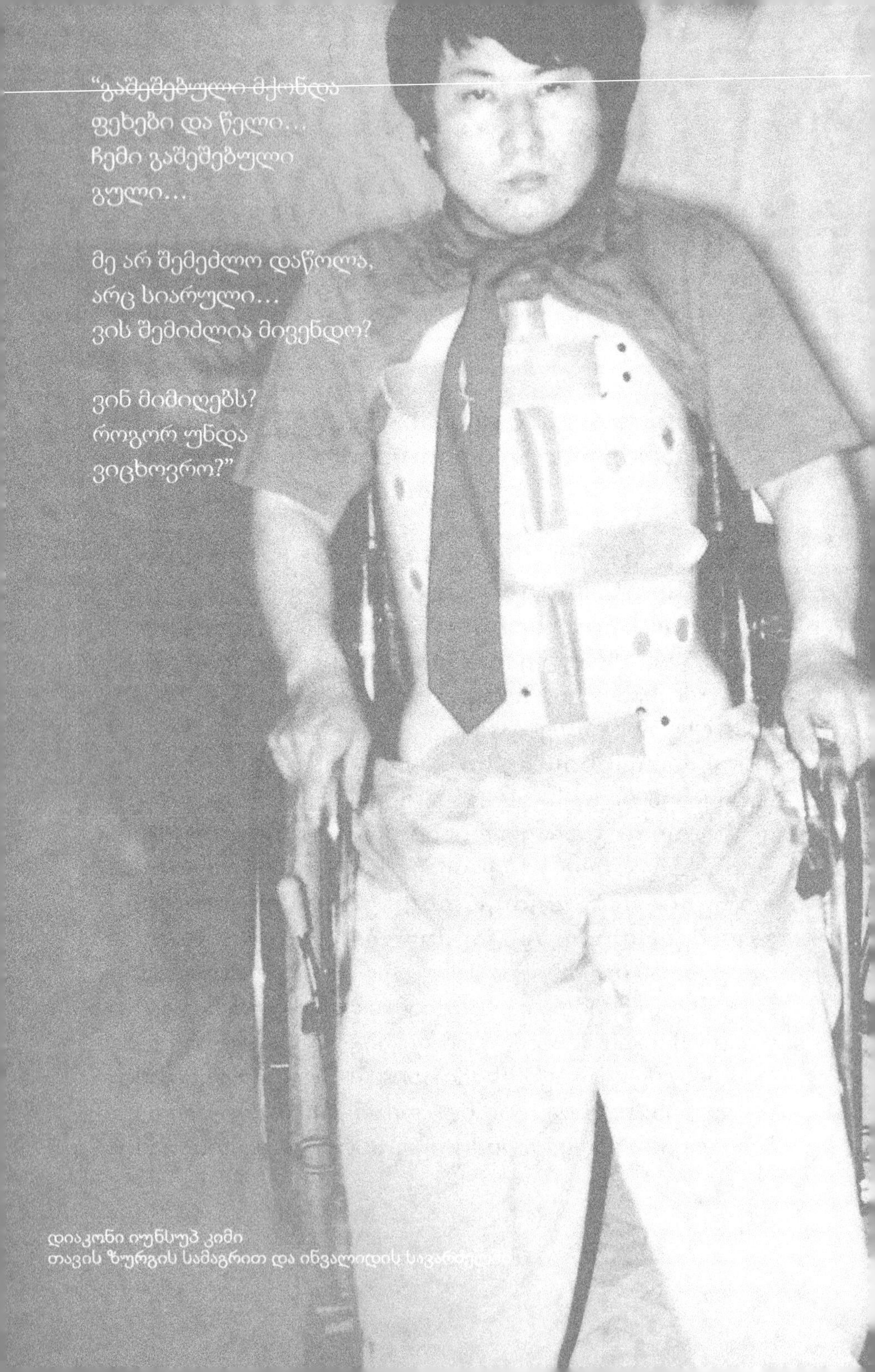

"გაშეშებული მქონდა
ფეხები და წელი…
ჩემი გაშეშებული
გული…

მე არ შემეძლო დაწოლა,
არც სიარული…
ვის შემიძლია მივენდო?

ვინ მიმიღებს?
როგორ უნდა
ვიცხოვრო?"

დიაკონი იუნსუპ კიმი
თავის ზურგის სამაგრით და ინვალიდის სავარძელში

"ალილუია!
ღმერთი ცოცხალია!
ხედავ რომ დავდივარ?"

დიაკონი კიმი გახარებულია
მანმინის სხვა წევრებთან ერთად
ჯაეროკ ლის
ლოცვით განკურნების
მიღების შემდეგ

დასახიჩრებული. მის წელს გარშემო, კიმს ყოველთვის საზრჯენი ეკეთა ხერხემლისთვის. გარდა ამისა, რადგან მას დაწოლა არ შეეძლო, იგი წამომჯდარი იძინებდა ხოლმე.

ამ მძიმე დროს, კიმი მოინათლა და მივიდა მანმინის ეკლესიაში, სადაც მან ქრისტიანული ცხოვრება დაიწყო. როდესაც იგი განსაკუთრებულ ღვთაებრივი განკურნების შეკრებას დაესწრო 1998 წლის ნოემბერს, მან გასაოცარი რამ განიცადა. შეკრების დაწყებამდე, მას არ შეეძლო ზურგზე დაწოლა ან საპირფარეშოში თავისით წასვლა. ჩემი ლოცვის მიღების შემდეგ, მან შეძლო ინვალიდის სავარძლიდან ადგომა და ყავარჯნებით სიარული.

სრულყოფილი განკურნების მიღებისთვის, დიაკონი კიმი ერთგულად დადიოდა ეკლესიაში და შეხვედრებზე და არასოდეს შეუწყვიტავს ლოცვა. გარდა ამისა, დიდი სურვილით და 1999 წლის მაისის მეშვიდე ორკვირიანი განსაკუთრებული შეკრებისთვის მზადებით, მან იმარხულა ოცდაერთი დღის განმავლობაში. როდესაც ავადმყოფებისთვის ვილოცე მქადაგებლის კათედრიდან შეკრების პირველი სესიის დროს, დიაკონ კიმმა იგრძნო ძლიერი სინათლის სხივი, რომელიც მას ანათებდა და დაინახა ხედვა, რომელშიც იგი დარბოდა. შეკრების მეორე კვირას, როდესაც ხელი დავადე და მისთვის ვილოცე, მან იგრძნო, რომ მისი სხეული მსუბუქი გახდა. როდესაც სული წმინდის ცეცხლი ჩამოვიდა მის ფეხებზე, უცნობი ძალა მიეცა მას. მან

გადააგდო თავისი ხერხემლის სამაგრი და ყავარჯნები, დაიწყო სიარული და თავისუფლად ამოძრავებდა წელს.

ღმერთის ძალით, დიაკონ კიმმა ჩვეულებრივი ადამიანივით დაიწყო სიარული. იგი დღეს ველოსიპედსაც ატარებს და ბეჯითად დადის ეკლესიაში. გარდა ამისა, დიაკონი კიმი დაქორწინდა და ახლა იგი ჭეშმარიტად ბედნიერი ცხოვრებით ცხოვრობს.

ინვალიდის სავარძლიდან წამოდგომა ხელსახოცის ლოცვის მიღების შემდეგ

მანმინში, ხდება ის შთამბეჭდავი შემთხვევები, რომლებიც ბიბლიაშია ჩაწერილი; ღმერთი კიდევ უფრო მეტად არის ნადიდები მათი საშუალებით. ასეთ შემთხვევებს და სასწაულებს შორის არის ღმერთის ძალის გამოვლენა ხელსახოცით.

საქმე 19:11-12-ში ჩვენ ვხედავთ, რომ "ხოლო ღმერთი მრავალ სასწაულს ახდენდა პავლეს ხელით. ასე რომ, მის ნაქონ ხელსახოცებს თუ წელსაკრავებს თვით სნეულთაც კი აფენდნენ, რომელნიც იკურნებოდნენ და უკეთური სულები გამოდიოდნენ მათგან." ანალოგიურად, როდესაც ხალხი იღებს ხელსახოცს, რომელზეც მე ვილოცე, მრავალი განკურნების სასწაული ხდება. შედეგად, მსოფლიოს გარეშე მრავალმა ადამიანმა გვთხოვა, რომ

ხელსახოცის ლაშქრობები ჩაგვეტარებინა მათ რეგიონებში. გარდა ამისა, აფრიკაში, პაკისტანში, ინდონეზიაში, ფილიპინებში, ჰონდურასში, იაპონიაში, ჩინეთში და რუსეთში, მრავალი ადამიანი განიცდის "გასაოცარ სასწაულებს".

2001 წლის აპრილში, მანმინის ერთ-ერთმა პასტორმა უხელმძღვანელა ხელსახოცის ლაშქრობას ინდონეზიაში, სადაც უთვალავმა ადამიანმა მიიღო განკურნება და ადიდეს ცოცხალი ღმერთი. მათ შორის იყო ყოფილი სახელმწიფოს გუბერნატორი, რომელიც ინვალიდის სავარძელში იყო. როდესაც იგი განიკურნა ხელსახოცის ლოცვით, მალევე დიდი ახალი ამბავი გახდა.

2003 წლის მაისში, მანმინის კიდევ ერთმა პასტორმა ჩაატარა ხელსახოცის ლაშქრობა შინეთში, სადაც კაცმა, რომელიც 34 წლის განმავლობაში ყავარჯნებზე იდგა, თავისუფლად დაიწყო სიარული.

განეში ძირს ყრის თავის ყავარჯნებს 2002 წლის სასწაულებრივი განკურნების ლოცვის ფესტივალზე ინდოეთში

2002 წლის სასწაულებრივი განკურნების ლოცვის ფესტივალზე ინდოეთში, რომელიც მარინას სანაპიროზე ჩატარდა, 3 მილიონზე მეტი ადამიანი შეიკრიბა, იხილეს ჭეშმარიტად გასაოცარი ღმერთის

“მე აღარ ვგრძნობ
ცხრა ლურსმანს,
რომლებიც აწვებოდნენ
ჩემს ხორცს და ძვალს!

მე ადგომაც კი აღარ შემეძლო
ტკივილის გამო,
მაგრამ ახლა სიარული შემიძლია!”

განეში იწყებს სიარულს
ყავარჯნების გარეშე
ჯაეროკ ლისგან
ლოცვის მიღების შემდეგ

ძალის სამუშაო და მრავალი მათგანი გაქრისტიანდა. ამ ლაშქრობამდე, ნელნელა ვითარდებოდა გამაგრებული ძვლების მოშვება და მკვდარი ნერვების გაცოცხლება. ინდოეთის ლაშქრობის დაწყებით, განკურნების სამუშაომ გამოიწვია ადამიანის სხეულის მოწესრიგება.

იმ ადამიანებს შორის, რომლებმაც განკურნება მიიღეს, იყო 16 წლის ბიჭი სახელად განეში. იგი ველოსიპედიდან ჩამოვარდა და მენჯი დაიზიანა. მან სათანადო მკურნალობა ვერ მიიღო სახლში რთული ფინანსური სიტუაციის გამო. ერთი წლის გასვლის შემდეგ, სიმსივნე გაჩნდა მის ძვალში და მარჯვენა მენჯი ამოუღეს. ექიმებმა ჩადგეს წვრილი მეტალის ფიცარი ბარძაყის ძვალში და მისი მენჯის დარჩენილი ნაწილები და ცხრა ლურსმნით დაამაგრეს ფიცარი. რადგან ლურსმნებით დამაგრებამ გამოიწვია აუტანელი ტკივილი და ამიტომ ყავარჯნების გარეშე სიარული არ შეეძლო.

როდესაც მან ლაშქრობის შესახებ გაიგო, განეში დაესწრო ლაშქრობას და განიცადა სული წმინდის ცეცხლოვანი სამუშაო. ოთხ დღიანი ლაშქრობის მეორე დღეს, როდესაც მიიღო "ავადმყოფის ლოცვა", მან ისეთი სითბო იგრძნო სხეულში, რომ თითქოს მდუღარე წყალში ჩასვეს და ტკივილს ვეღარ გრძნობდა. იგი დაუყოვნებლივ ავიდა სცენაზე და თავისი განკურნების მტკიცებულება მისცა. აქედან მოყოლებული, მას სხეულში ტკივილი აღარ უგრძვნია, აღარ იყენებდა ყავარჯნებს და

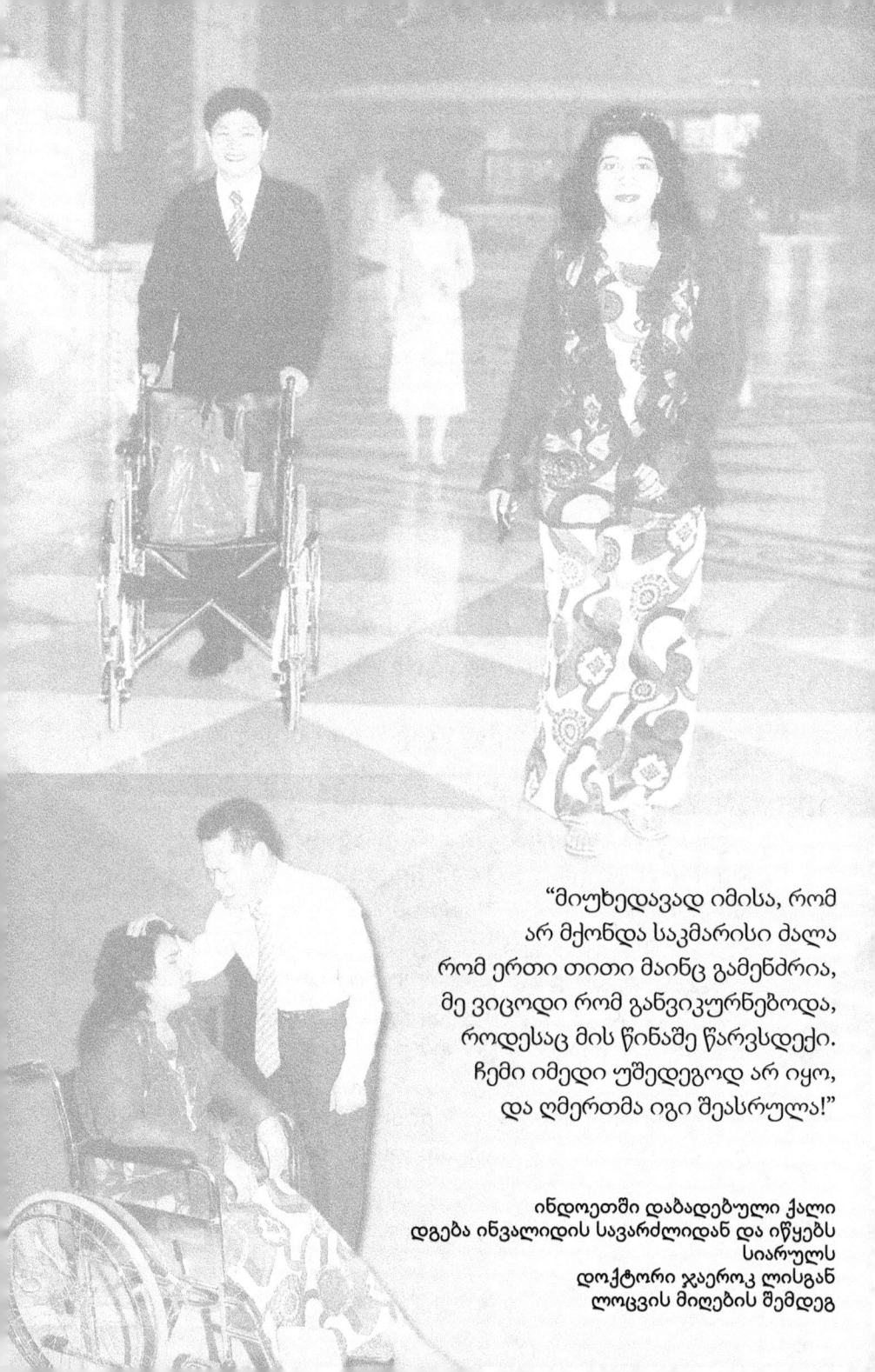

"მიუხედავად იმისა, რომ არ მქონდა საკმარისი ძალა რომ ერთი თითი მაინც გამენძრია, მე ვიცოდი რომ განვიკურნებოდა, როდესაც მის წინაშე წარვსდექი. ჩემი იმედი უშედეგოდ არ იყო, და ღმერთმა იგი შეასრულა!"

ინდოეთში დაბადებული ქალი დგება ინვალიდის სავარძლიდან და იწყებს სიარულს დოქტორი ჯაეროკ ლისგან ლოცვის მიღების შემდეგ

თავისუფლად დაიდოდა და დარბოდა.

დუბაიში ქალი ადგა ინვალიდის სავარძლიდან

2003 წლის აპრილში, როდესაც დუბაიში ვიყავი, ინდოეთში დაბადებული ქალი ადგა თავისი ივალიდის სავარძლიდან როდესაც ჩემი ლოცვა მიიღო. იგი იყო ჭკვიანი ქალი, რომელსაც შეერთებულ შტატებში ჰქონდა ნასწავლი. პირადი პრობლემების გამო, მან განიცადა ფსიქიკური შოკი, რომელიც გამოწვეული იყო ავტოავაარის გვერდითი მოვლენების და გართულებების გამო.

როდესაც პირველად ვნახე ეს ქალი, მას არ შეეძლო სიარული, ლაპარაკისთვის საკმარისი ძალა არ ჰქონდა და მისი დავარდნილი სათვალეების აღებაც კი არ შეეძლო. მან დაამატა, რომ წერაც არ შეეძლო ან ერთი ჭიკა წყლის აღება. როდესაც სხვები უბრალოდ ეხებოდნენ მას, იგი განიცდიდა აუტანელ ტკივილს. თუმცა, ლოცვის შემდეგ, ქალი დაუყოვნებლივ ადგა ივალიდის სავარძლიდან. მეც გი გაოგნებული ვიყავი ამ შემთხვევით, რადგან მან ოთახიდან გასვლაც კი შეძლო.

იერემია 29:11 გვაუწყებს "რადგან მე ვიცი ჩემი განზრახვები, რაც თქვენთვის განმიზრახავს, ამბობს

უფალი, საკეთილდღეო განზრახვები და არა საზიანო, რათა მოგცეთ მომავალი და იმედი. " მამა ღმერთს იმდენად ვუყვარდით, რომ თავისი ერთადერთი ძეც კი შემოგვწირა.

ამგვარად, მაშინაც კი, თუ უბედური ცხოვრებით ცხოვრობდი ფიზიკური უუნარობის გამო, შენ გაქვს იმედი ბედნიერი და ჯანმრთელი ცხოვრებისა მამა ღმერთში რწმენით. მას არ სურს, რომ რომელიმე მისი შვილი დანაღვლიანებული იყო. გარდა ამისა, მას სურს, რომ მსოფლიოში ყველას მისცეს მშვიდობა, სიხარული, ბედნიერება და მომავალი.

მარკოზი 2-ში დავრდომილი ადამიანის ამბავით, შენ გაიგე გზების და მეთოდების შესახებ, თუ როგორ უნდა მიიღო პასუხები. დაე ყოველივე თქვენთაგანმა მოამზადო რწმენის ჭურჭელი და მიიღო ყველაფერი რასაც ითხოვ, მე ვლოცულობ ჩვენი უფალი იესო ქრისტეს სახელით!

აღთქმა 8

ხალხი გაიხარებს, იცეკვებს და იმღერებს

მარკოზი 7:31-37

მერე კვლავ წამოვიდა ტიროსისა და სიდონის საზღვრით
და მოვიდა გალილეის ზღვის პირას,
ათქალაქის საზღვართა შორის.
მიჰგვარეს მას
ყრუ და
ენაბლუ და
შეევედრნენ, ხელი დაედო მისთვის.
ხალხს გააცალა,
თითებით დაუცო ყური, გადააფურთხა
და მის ენას შეეხო;
ზეცად აღაპყრო თვალნი,
ამოიოხრა და უთხრა მას: ეფფათა! რაც ნიშნავს: გაიხსენ!
მაშინვე გაეხსნა სმენაცა
და დაბმული ენაც
და გამართულად ამეტყველდა.
და უბრძანა მათ, არავისთან გამამხილოთო,
მაგრამ რაც უფრო მეტს უბრძანებდა,
მით უფრო მეტად ამხელდნენ;
დიდად უკვირდათ და ამბობდნენ:
ყოველივეს კეთილად იქმს:
ყრუს სმენას უბრუნებს და უტყვს ამეტყველებსო"

მათე 4:23-24-ში ვკითხულობთ შემდეგს:

მიმოდიოდა იესო მთელს გალილეაში, ასწავლიდა მათ სინაგოგებში, ქადაგებდა სახარებას სასუფევლისას და კურნავდა ყოველგვარ სენსა და ყოველგვარ უძლურებას ხალხში. და მოედო მისი ამბავი მთელს სირიას: მოჰყავდათ მასთან უძლურნი, სხვადასხვა სენითა და ჭირით სნეულნი, ეშმაკეულნი, მთვარეულნი და დავრდომილნი, და კურნავდა მათ.

იესომ არა მარტო ღმერთის სიტყვა იქადაგა და სამეფოს კეთილი ამბების შესახებ, არამედ მან ასევე განკურნა უთვალავი ადამიანი სხვადასხვა მტანჯველი ავადმყოფობებისგან. ავადმყოფობების განკურნებით, რომლისთვისაც ადამიანის ძალა უშედეგო იყო, იესოს გამოცხადებული სიტყვა ხალხის გულებში იყო ჩაბეჭდილი და მათი რწმენით იგი მათ ზეცისკენ წარუძღვა.

იესო კურნავს ყრუ-მუნჯ კაცს

მარკოზი 7-ში არის ამბავი იმ დროის შესახებ, როდესაც იესო სიდონში მიდიოდა და განკურნა

ყრუ-მუნჯი კაცი. თუ კი ადამიანს "ძლივს შეუძლია საუბარი", ეს იმას ნიშნავს, რომ იგი ენაბლუა და მკაფიოდ საუბარი არ შეუძლია. ამ პარაგრაფიდან კაცმა ალბათ ბავშვობაში ისწავლა ლაპარაკი, მაგრამ მოგვიანებით დაყრუვდა და "ძლივს ლაპარაკობდა".

საერთო ჯამში, "ყრუ-მუნჯი" არის ადამიანი, რომელსაც არ უსწავლია ენა და საუბარი სიყრუის გამო, როდესაც "სმენის გონებაჩლუნგობა" ნიშნავს სმენის სირთულეს. არსებობს მრავალი გზა, რომლითაც ადამიანი შეიძლება გახდეს ყრუ-მუნჯი. მათგან პირველი არის მემკვიდრეობით. მეორე შემთხვევაში, ადამიანი თანდაყოლილად ყრუ-მუნჯია, თუ კი დედას წითელა ჰქონდა, ან ორსულობისას არასწორი პრეპარატები მიიღო. მესამე შემთხვევაში, თუ კი ბავშვს მინინგიტი აქვს, როდესაც სამი ან ოთხი წლის არის, ლაპარაკის დაწყების დროს, იგი შეიძლება გახდეს ყრუ-მუნჯი. სმენის გონებაჩლუნგობის შემთხვევაში, თუ კი ყურის აპკა გაიხა, სმენის დამხმარე სახსრები შეიძლება დაზიანდეს. თუ თვით სმენის ნერვშია პრობლემა, არავითარი სმენის დამხმარე სახსრები არ დაეხმარება. სხვა შემთხვევებისთვის, როდესაც ადამიანი მუშაობს მეტად ხმაურიან გარემოცვაში ან წლების განმავლობაში სმენა ქვეითდება, ნათქვამია, რომ არ არსებობს ძირითადი მკურნალობა.

გარდა ამისა, ადამიანი შეიძლება გახდეს ყრუ ან

მუნჯი, როდესაც იგი დემონით არის შეპყრობილი. ასეთ შემთხვევაში, როდესაც სულიერი ძალაუფლების მქონე ადამიანი ბოროტ სულებს განდევნის, ადამიანს სმენა და საუბარი დაუყოვნებლივ დაუბრუნდება. მარკოზი 9:25-27-ში, როდესაც იესომ უბრძანა ბოროტ სულს ბიჭში, რომელსაც საუბარი არ შეეძლო, "ყრუ-მუნჯო სულო! გიბრძანებ გამოხვიდე მაგისგან და აღარასოდეს შეხვიდე მასში!" (სტროფი 25) ბოროტმა სულმა დატოვა ბიჭი და იგი განიკურნა.

ირწმუნე, რომ როდესაც ღმერთი მუშაობს, არავითარი სისუსტე ან ავადმყოფობა არ დაგემართება. ზუსტად ამიტომ, იერემია 32:27-ში ჩვენ ვკითხულობთ, "აჰა, მე ვარ უფალი, ყოველი ხორციელის ღმერთი! განა არის რაიმე შეუძლებელი ჩემთვის?" ფსალმუნნი 100:3 გვიბიძგებს, რომ "იცოდეთ, რომ იეჰოვაა ღმერთი, თვითონ კი არ შეგვიქმნია ჩვენი თავი, მან შეგვქმნა, ჩვენ მისი ხალხი ვართ და მისი საძოვრის ცხვარი," როდესაც ფსალმუნნი 94:9 შეგვახსენებს, "განა ვერ მოისმენს ყურის შემქმნელი?! თვალის შემქმნელი განა ვერ დაინახავს?!" როდესაც ჩვენ გვწამს ყოვლისშემძლე მამა ღმერთის, რომელმაც ჩამოაყალიბა ჩვენი ყურები და თვალები, ყველაფერია შესაძლებელი. ზუსტად ამიტომ, იესოსთვის, რომელიც დედამიწაზე ხორცში მოვიდა, ყველაფერი იყო

შესაძლებელი. როგორც მარკოზი 7-ში ვკითხულობთ, როდესაც იესომ განკურნა ყრუმუნჯი ადამიანი, ადამიანს სმენა დაუბრუნდა და დალაგებულად დაიწყო საუბარი.

როდესაც ჩვენ არა მარტო იესო ქრისტესი გვწამს, არამედ ჩამოყალიბებული რწმენით ვთხოვთ ღმერთის ძალას, იგივე სასწაული ხდება დღესაც, რომელიც ბიბლიაშია ჩაწერილი. ამის შესახებ, ებრაელთა 13:8 გვეუბნება, "იესო ქრისტე იგივეა გუშინ, დღეს და უკუნითი უკუნისამდე," და ეფესელთა 4:13 შეგვახსენებს, "ვიდრე ყველანი მივაღწევდეთ რწმენის ერთობას და ღმერთის ძის შემეცნებას სრულყოფილ კაცად, ქრისტეს ასაკის სისრულის ზომას."

თუმცა, სხეულის ნაწილების გადაგვარება და დაყრუება და სიმუნჯე მკვდარი ნერვის უჯრედების შედეგად, განკურნების ნიჭით განკურნება შეუძლებელია. მხოლოდ მაშინ, როდესაც ადამიანი, რომელმაც მიაღწია იესო ქრისტეში სისავსეს, მიიღებს ძალას და ძალაუფლებას ღმერთისგან და ღმერთის ნების თანახმად ილოცებს, მოხდება განკურნება.

მანმინში სიყრუის ღმერთის მიერ განკურნების შემთხვევები

მადლიერების სიმღერა
იმ ხალხისგან
რომლებიც განიკურნენ სიყრუისგან

"სიცოცხლეებით
რომლებიც შენ ჩვენ მოგვეცი,
ჩვენ ვივლით
დედამიწაზე
შენი იმედით.

ჩემი სული, რომელიც
კრისტალივით წმინდა
მოდის შენთან.

დიაკონესი ნაპშიმ პარკი ადიდებს ღმერთს 55 წლიანი
სიყრუის განკურნების შემდეგ.

მე შევესწარი მრავალ მაგალითს, როდესაც ყრუ ადამიანი განიკურნა და უთვალავმა ადამიანმა, რომლებსაც დაბადებიდან სმენა არ ჰქონდათ, პირველად გაიგეს ხმა. არის ორი ადამიანი, რომლებმაც პირველად გაიგეს ხმა 55 წლის და 57 წლის განმავლობაში.

2000 წლის სექტმებერში, როდესაც იაპონიაში სასწაულებრივი განკურნების ფესტივალს ვხელმძღვანელობდი, 13 ადამიანმა, რომლებიც იტანჯებოდნენ სმენის შემცირებისგან, განიკურნენ როგორც კი ჩემი ლოცვა მიიღეს. ეს ამბავი მივიდა მრავალ ყრუ ადამიანთან კორეაში და მრავალი მათგანი დაესწრო მეცხრე ორ-კვირიანი განსაკუთრებული ქადაგების შეკრებას 2001 წლის მაისში, და მიიღეს განკურნება და ადიდეს ღმერთი.

მათ შორის იყო 33 წლის ქალბატონი, რომელიც რვა წლის ასაკიდან ყრუ-მუნჯი იყო. მან საკუთარი თავი მოამზადა პასუხების მისაღებად მას შემდეგ, რაც ეკლესიაში მივიდა 2001 წლის შეკრებამდე ცოტახნით ადრე. ქალი ყოველდღიურ ”დანიელის ლოცვის შეკრებაზე” დადიოდა და რადგან გაიხსენა თავისი წარსულის ცოდვები, გული დაიხია. ლოცვის შეკრებისთვის მომზადების შემდეგ, იგი დაესწრო შეკრებას. შეკრების ბოლო სესიის დროს, როდესაც ხელი დავადე ყრუ-მუნჯებს მათთვის სალოცავად, მას ცვლილება მაშინვე არ უგრძვნია. მიუხედავად ამისა, იგი არ იყო იმედგაცრუებული.

ნაცვლად, მან დაინახა სხვა ადამიანების განკურნება სიხარულისა და მადლიერების გრძნობით და კიდევ უფრო მეტად სწამდა, რომ თვითონაც განიკურნებოდა.

ღმერთმა აღიარა ეს რწმენად და განკურნა ქალი შეკრების დასრულების შემდეგ. მე ნანახი მაქვს ღმერთის ძალის გამოვლენა შეკრების დასრულების შემდეგაც კი. გარდა ამისა, მოსმენის ტესტმა, რომელიც მან გაიარა, დაამტკიცა რომ იგი განკურნებული იყო. ალილუია!

თანდაყოლილი სიყრუე იღებს განკურნებას

ღმერთის ძალის გამოვლენის სიდიდე წლიდან წლამდე იზრდება. 2002 წელს ჰონდურასის სასწაულებრივი განკურნების ლაშქრობაზე, უთვალავმა ადამიანმა, რომლებიც ყრუები და მუნჯები იყვნენ, დაიწყეს სმენა და საუბარი. როდესაც უსაფრთხოების სამსახურის პერსონალის უფროსის ქალიშვილი ლაშქრობის დროს განიკურნა სიყრუისგან, იგი განსაკუთრებით მადლიერი იყო.

რვა წლის მადელინ იაიმინ ბარტესის ერთ-ერთი ყური სწორად არ იყო გაზრდილი და თანდათანობით მან სმენა დაკარგა. ლაშქრობის შესახებ გაგების შემდეგ, მადელინი შეეხვეწა თავის

მამას, რომ ლაშქრობაზე წაეყვანა. მან მიიღო დიდი წყალობა დიდების დროს და ჩემი ლოცვის მიღების შემდეგ, მას სმენა დაუბრუნდა. რადგან მისი მამა ერთგულად მუშაობდა ლაშქრობისთვის, ღმერთმა ასე აკურთხა მისი ქალიშვილი.

2002 წლის ინდოეთის სასწაულებრივი ლოცვის ფესტივალი, ჯენიფერი იხსნის თავის სმენის აპარატს

მიუხედავად იმისა, რომ ჩვენ ვერ მოვახერხეთ ინდოეთის ლაშქრობის დროს და მის შემდეგ მომხდარი ყველა ჩვენების დარეგისტრირება, რამდენიმე მათგანითაც ჩვენ კმაყოფილები ვართ და ღმერთის მადლიერნი. ასეთ შემთხვევებში არის ერთი გოგონას ამბავი სახელად ჯენიფერი, რომელიც დაბადებიდან ყრუ-მუნჯი იყო. ექიმმა ურჩია, რომ სასმენი აპარატი გაეკეთებინა, რომელიც ცოტათი გააუმჯობესებდა მის სმენას, მაგრამ ამან შეახსენა გოგონას, რომ სმენა არ იქნებოდა სრულყოფილი.

როდესაც ჯენიფერის დედა ყოველდღე ლოცულობდა თავისი ქალიშვილის განკურნებისთვის, ისინი დაესწრნენ ლაშქრობას. დედა და ქალიშვილი იჯდნენ დიდ სპიკერებთან, რადგან ხმამაღალი სპიკერის სიახლოვე არ

ჯენიფერი განიკურნა თანდაყოლილი სიყრუისგან და მისი
ექიმის შეფასება

CHURCH OF SOUTH INDIA
MADRAS DIOCESE
C. S. I. KALYANI MULTI SPECIALITY HOSPITAL
15, Dr. Radhakrishnan Salai, Chennai-600 004. (South India)

Phone: 857 11 01
          858 23 08

Ref. No. ....   Date: 15/10/02

To whom it may concern

Miss Jennifer aged 5 yrs has been examined by me at CSI Kalyani hospital for her hearing.

After interacting with the child and observing her and after examining the child, I have come to the conclusion that Jennifer has definitely good hearing improvement now than before she was prayed for. Her mother's observation of her child is far more important and the mother has definitely noticed marked improvement in her child's hearing ability. Jennifer hears much better without the hearing aid, responding to her name being called, where as previously she was not, without the aid

Chris...
Medical Officer,
C. S. I. KALYANI GENERAL HOSPITAL

(side note:) Audiogram Result — Moderate to severe sensori-neural hearing loss i/c 50% - 70% hearing loss. Chennai.

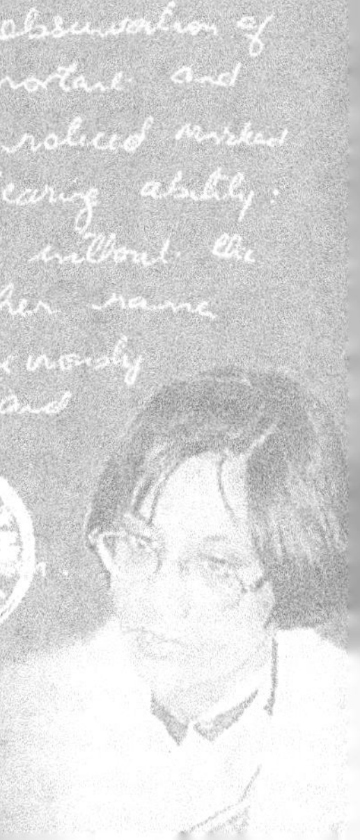

შეაწუხებდა ჯენიფერს. თუმცა, ლაშქრობის ბოლო დღეს, რადგან უამრავი ადამიანი იყო შეკრებილი, მათ ვერ იპოვნეს ადგილი სპიკერთან ახლოს. ამას რაც მოჰყვა იყო სასწაულებრივი. როგორც კი ლოცვა დავასრულე ავადმყოფებისთვის, ჯენიფერმა უთხრა დედამისს, რომ ხმა ძალიან ხმამაღალი იყო და სთხოვა, რომ თავისი სმენის აპარატი მოეხსნა. ალილუია!

სამედიცინო ჩანაწერების თანახმად, სასმენი აპარატის გარეშე, ჯენიფერის სმენა არ მოახდენდა რეაგირება ყველაზე ხმამაღალ ხმაზეც კი. სხვა სიტყვებით რომ ვთქვათ, ჯენიფერს სმენის ასი პროცენტი ჰქონდა დაკარგული, მაგრამ ლოცვის შემდეგ, აღმოჩნდა, რომ მას სმენის 30~50 პროცენტი დაუბრუნდა. შემდეგი არის ყურის და ყელის დაავადების სპეციალისტი ქრისტინას შეფასება ჯენიფერის შემთხვევაზე:

ხუთი წლის ჯენიფერის სმენის უნარის შესაფასებლად, მე განვიხილე იგი C.S.I.-ში, კალიანის მრავალ სპეციალობათა საავადმყოფო. ჯენიფერთან საუბრის და მისი შემოწმების შემდეგ, მე დავასკვენი, რომ ლოცვის შემდეგ მის სმენაში იყო უდავო და აღსანიშნავი გაუმჯობესება. ჯენიფერის დედის მოსაზრებებიც მართებულია. მან იგივე დაკვირვება ჩაატარა, რაც მე ჩავატარე: ჯენიფერის სმენა უდავოდ და დარიკალურად გაუმჯობესდა. ამ

დროისთვის, ჯენიფერს შეუძლია თავისუფლად სმენა სასმენი აპარატის გარეშე და კარგად პასუხობს, როდესაც მის სახელს იძახიან. ლოცვამდე, ეს ასე არ იყო სასმენი აპარატის გარეშე.

იმ ადამიანებისთვის, რომლებიც რწმენაში მოამზადებენ საკუთარ გულებს, ღმერთის ძალა აუცილებლად გამოვლენილი იქნებდა. რა თქმა უნდა, არსებობს მრავალი შემთხვევა, როდესაც პაციენტების მდგომარეობა დღითი დღე უმჯობესდება, როდესაც ქრისტეში ცხოვრებით ცხოვრობენ.

ხშირად, ღმერთი არ აძლევს პირდაპირ სრულყოფილ განკურნებას იმ ადამიანებს, რომლებიც ბავშვობიდან ყრუები არიან. თუ კი ისინი სრულყოფილ სმენას დაიბრუნებენ ლოცვის დასრულებისთანავე, რთული იქნება მათთვის ყველა ხმას გაუძლონ. თუ ადამიანმა სმენა ახალგაზრდობაში დაკარგა, ღმერთმა შეიძლება იგი მაშინვე მთლიანად განკურნოს, რადგან მათ არ დასჭირდებათ დიდი დრო ხმას შეეგუონ. ასეთ შემთხვევებში, ხალხი შეიძლება დაიბნეს, მაგრამ ერთი ან ორი დღის შემდეგ, ისინი დამშვიდდებიან და შეეჩვევიან თავიანთ სმენის უნარს.

2003 წლის აპრილს დუბაიში ვიზიტისას, მე შევხვდი 32 წლის ქალბატონ, რომელმაც ლაპარაკის უნარი დაკარგა ცერებრალური მინინგიტის შემდეგ,

როდესაც იგი ორი წლის იყო. როგორც კი მან ჩემი ლოცვა მიიღო, ქალმა გარკვევით სთქვა, "დიდი მადლობა!" მე ვიფიქრე, რომ ეს მადლობის ნიშანი იყო, მაგრამ მისმა მშობლებმა მითხრეს, რომ სამი ათწლეული იყო გასული, რაც მან "დიდი მადლობა" პირველად თქვა.

იმისათვის, რომ გამოცადო ძალა, რომელიც საშუალებას აძლევს მუნჯს ილაპარაკოს და ყრუს ხმა გაიგოს

მარკოზი 7:33-35-ში წერია შემდეგი:

ხალხს გააცალა, თითებით დაუცო ყური, გადააფურთხა და მის ენას შეეხო; ზეცად აღაპყრო თვალნი, ამოიოხრა და უთხრა მას: ეფფათა! რაც ნიშნავს: გაიხსენ! მაშინვე გაეხსნა სმენაცა და დაბმული ენაც და გამართულად ამეტყველდა.

აქ, "ეფფათა" ბერძნულად ნიშნავს "გაიხსენ". როდესაც იესომ უბრძანა თავდაპირველი შექმნის ხმით, კაცის ყურები გაიხსნა და მისი ენაც გაიხსნა.

მაშინ, რატომ დაუცო იესომ თითებით ყურები ამ კაცს, სანამ უბრძანებდა "ეფფათას"? რომაელთა 10:17 გვეუბნება, "ამრიგად, რწმენა - სმენისაგან, ხოლო სმენა - ქრისტეს სიტყვისგან." რადგან ამ კაცს სმენა

არ ჰქონდა, მისთვის ადვილი არ იყო რწმენა ჰქონოდა. გარდა ამისა, კაცი იესოსთან არ მისულა განკურნების მისაღებად. პირიქით, ხალხმა მიიყვანა იგი იესოსთან. მისი ყურების თითებით დაცობით, იესო დაეხმარა მას ჰქონოდა რწმენა მისი თითების შეგრძნებით.

მხოლოდ მაშინ, როდესაც გავიგებთ ამ სცენის სულიერ მნიშვნელობას, ჩვენ გამოვცდით მის ძალას. რა კონკრეტული ნაბიჯები უნდა გადავდგათ ამისთვის?

ჩვენ ჯერ რწმენა უნდა გვქონდეს განკურნების მისაღებად.

თუნდაც სულ მცირე იყოს, ადამიანი, რომელსაც განკურნება სურს, უნდა ფლობდეს რწმენას. თუმცა, იესოს დროისგან განსხვავებით და ცივილიზაციის გაუმჯობესების გამო, არსებობს მრავალი საშუალება, ჟესტების ენის ჩათვლით, რომლითაც ყრუსაც შეეძლება სახარების გაგონება მანმინში რამდენიმე წლის წინ დაიწყო ყველა ქადაგების ჟესტების ენაზე გადათარგმნა. ქადაგებები წარსულიდანაც ასევე მუდმივად განახლებულია ჟესტების ენაზე.

გარდა ამისა, მრავალი სხვა გზით, წიგნების, გაზეთების, ჟურნალების და ვიდეო და აუდიო

კასეტების ჩათვლით, შენ შეგიძლია ფლობდე რწმენას. როდესაც რწმენას მოიპოვებ, შენ შეძლებ ღმერთის ძალის გამოცდას. მე მივუთითე რამდენიმე მტკიცებები, რათა დაგეხმაროს რწმენის მოპოვებაში.

შემდეგი, ჩვენ უნდა მივიღოთ მიტევება.

რატომ დააფურთხა იესომ და რომ შეეხო კაცის ენას, მას შემდეგ, რაც ყურები თითებით დაუცო? ეს სულიერად გამოხატავს წყლით მონაქთვას და კაცის ცოდვების მისატევებლად იყო საჭირო. წყლით მონათვლა ნიშნავს, რომ ღმერთის სიტყვით, რომელიც წყალივით წმინდაა, ჩვენ უნდა განვიწმინდოთ ცოდვებისგან. ღმერთის ძალის გამოცდისთვის, ჩვენ პირველ რიგში ცოდვის პრობლემა უნდა მოვაგვაროთ. იმის მაგივრად, რომ კაცის სიბინძურე წყლით გაეწმინდა, იესომ წყალი თავისი ნერწყვით შეცვალა და ამით სიმბოლურად გამოხატა ამ კაცის მიტევება. ესაია 59:1-2 გვეუბნება, "აჰა, არ დამოკლებულა უფლის ხელი რომ ხსნა არ შეეძლოს, და არ დამძიმებულა მისი ყური, რომ ვერ ისმინოს. მხოლოდ თქვენი უკეთურებანი იყო გამყოფი თქვენსა და თქვენს ღმერთს შორის და თქვენმა ცოდვებმა დაფარეს მისი სახე თქვენგან და აღარ ესმოდა მას."

როგორც ღმერთი დაგვპირდა 2 ნეშთთა 7:14-ში,

"და ჩემი ერი, რომელიც ჩემი სახელით იწოდება, ქედს მოიდრეკს, ილოცებს, ძებნას დამიწყებს და შემობრუნდება თავისი უკეთური გზიდან, მაშინ ციდან მივუსმენ, მივუტევებ ცოდვებს და განვკურნავ მათ ქვეყანას," იმისათვის, რომ ღმერთისგან პასუხები მივიღოთ, ჩვენ უნდა მოვინანიოთ.

რა უნდა მოვინანიოთ ღმერთის წინაშე?

პირველ რიგში, უნდა მოინანიოთ ის, რომ არ გწამდა ღმერთის და არ მიიღე იესო ქრისტეს. იოანე 16:9-ში, იესო გვეუბნება, რომ სული წმინდა დამნაშავედ სცნობს სამყაროს ცოდვასთან დაკავშირებით, რადგან ადამიანებს მისი არ სწამთ. შენ უნდა გააცნობიერო, რომ უფლის არ მიღება ცოდვაა და ამგვარად ირწმუნო უფალი და ღმერთი.

მეორე, თუ შენ არ გიყვარდა შენი ძმები, შენ ეს უნდა მოინანიო. 1 იოანე 4:11 გვეუბნება, "საყვარელნო, თუკი ასე შეგვიყვარა ღმერთმა, ჩვენც უნდა გვიყვარდეს ერთმანეთი." თუ შენს ძმას სძულხარ, მისი უკან სიძულვილის მაგივრად, შენ უნდა იყო მომთმენი და შემწყნარებელი. შენ ასევე უნდა გიყვარდეს შენი მტერი, ჯერ მისი სარგებელი უნდა ეძებო და თავი მის ადგილას უნდა

წარმოიდგინო. როდესაც ყველა ადამიანს შეიყვარებს, ღმერთიც გიჩვენებს თანაგრძნობას, წყალობას და განკურნებას.

მესამე, თუ შენ ოდესმე ილოცე პირადი ინტერესისთვის, ეს უნდა მოინანიო. ღმერთს არ სიამოვნებს, როდესაც ადამიანები, რომლებსაც ეგოისტური მოტივები აქვთ, ლოცულობენ. იგი შენ არ გიპასუხებს. თუნდაც ამიერიდან, შენ უნდა ილოცა ღმერთის ნების თანახმად.

მეოთხე, თუ შენ ოდესმე ილოცე და ეჭვი შეგეპარა, ეს უნდა მოინანიო. იაკობი 1:6-7-ში წერია, "მაგრამ, დე, სთხოვოს რწმენით, ყოველგვარი ეჭვის გარეშე, რადგან მეჭველი ზღვის ტალღასა ჰგავს, ქარით ღელვილსა და მიმოტაცებულს. ნუ ეგონება ამნაირ კაცს, თითქოს რაიმეს მიიღებს ღვთისგან." შესაბამისად, როდესაც ვილოცებთ, ჩვენ უნდა ვილოცოთ რწმენით და ვასიამოვნოთ იგი. გარდა ამისა, ებრაელთა 11:6 შეგვახსენებს, "რწმენის გარეშე კი შეუძლებელია ესათნოვო ღმერთს," განდევნე ეჭვები და მხოლოდ რწმენით შესთხოვე.

მეხუთე, თუ შენ არ დაემორჩილე ღმერთის ბრძანებებს, ეს უნდა მოინანიო. როგორც იესო გვეუბნება იოანე 14:21-ში, "ვისაც აქვს ჩემი მცნებანი და იცავს მათ, მას ვუყვარვარ, ხოლო ვისაც მე

ვუყვარვარ, შეიყვარებს მას მამაჩემი; მეც შევიყვარებ და ჩემს თავს გამოვუცხადებ მას," როდესაც გამოხატავ შენი ღმერთისადმი სიყვარულის მტკიცებას მის მცნებებზე დამორჩილებით, შენ მისგან მიიღებ პასუხებს. დროდადრო, მორწმუნეები ხვდებიან ავტოავარიებში. ეს იმიტომ, რომ მრავალმა მათგანმა უფლის დღე წმინდად არ შეინახა ან არ გადაუხდია მთლიანი საეკლესიო შესაწირი. რადგან ისინი არ დაემორჩილნენ ქრისტიანებისთვის ყველაზე ფუნდამენტალურ წესებს, ათ მცნებას, ისინი ვერ მიიღებენ ღმერთის მფარველობას. იმ ადამიანებს შორის, რომლებიც ერთგულად ემორჩილებიან მის მცნებებს, ზოგი მათგანი საკუთარი შეცდომების გამო ჰყვება ავარიაში. მაგრამ, ღმერთი მათ მფარველობს. ასეთ შემთხვევებში, ავტომობილში მყოფი ადამიანები უვნებლები რჩებიან, რადგან ღმერთს უყვარს ისინი და აჩვენებს მათ თავისი სიყვარულის მტკიცებულებას.

გარდა ამისა, ადამიანები, რომლებიც არ იცნობდნენ ღმერთს, ხშირად იღებენ სწრაფ განკურნებას ლოცვის მიღების შემდეგ. ეს იმიტომ, რომ ის ფაქტი, რომ ისინი თვითონ მოვიდნენ ეკლესიაში, არის რწმენის ქმედება და ღმერთი მუშაობს მათთვის. თუმცა, როდესაც ხალხს აქვს რწმენა და იციან ჭეშმარიტება, მაგრამ მაინც არ

ემორჩილებიან ღმერთის მცნებებს და არ ცხოვრობენ მისი სიტყვის თანახმად, ეს ხდება კედელი ღმერთსა და ხალხს შორის და აქედან გამომდინარე ისინი ვერ იღებენ განკურნებას. მიზეზი იმისა, თუ რატომ მფარველობს ღმერთი ურწმუნოებს დიდი გაერთიანებული ლაშქრობების დროს არის ის, რომ ფაქტი, რომ ადამიანები, რომლებიც კერპთთაყვანისმცემლობას ეწეოდნენ შეიტყვეს ლაშქრობის შესახებ და მოვიდნენ, ეს ღმერთის თვალში არის რწმენის ქმედება.

მეექვსე, თუ შენ არ დაგითესავს, ეს უნდა მოინანიო. როგორც გალათელთა 6:7 გვეუბნება, "ვინც რას დასთესს, მასვე მოიმკის," იმისათვის, რომ ღმერთის ძალა განიცადო, შენ ჯერ ბეჯითად უნდა დაესწრო თაყვანისცემის მსახურებებს. დაიმახსოვრე, რომ როდესაც საკუთარი სხეულით თესავ, შენ მიიღებ ჯანმრთელობის კურთხევას და როდესაც შენი სიმდიდრით თესავ, შენ მიიღებ სიმდიდრის კურთხევას. ამგვარად, თუ შენ დათესვის გარეშე გსურდა მომკვა, ეს უნდა მოინანიო.

1 იოანე 1:7-ში წერია, "ხოლო თუ ნათელში დავდივართ, როგორც თვითონვეა ნათელში, მაშინ ერთმანეთს ვეზიარებით და მისი ძის - იესო ქრისტეს სისხლი ყოველგვარი ცოდვისგან

გაგვწმენდს." გარდა ამისა, 1 იოანე 1:9-ში წერია, "თუ ვაღიარებთ ჩვენს ცოდვებს, მაშინ ის, სანდო და მართალი, მოგვიტევებს ცოდვებს და გაგვწმენდს ყოველგვარი უსამართლობისაგან."

დაე ყოველმა თქვენთაგანმა მიიღოს ღმერთის თანაგრძნობა, ყველაფერი რასაც მას სთხვთ და მისი ძალით მიიღოთ არა მარტო ჯანმრთელობის კურთხევები, არამედ სიცოცხლის ყველა ასპექტში მიიღოთ კურთხევები, მე ვლოცულობ უფალი იესო ქრისტეს სახელით!

აღთქმა 9
ღმერთის უცვლელი განგება

რჯული 26:16-19

ამ დღეს გიბრძანებს უფალი,
შენი ღმერთი, ამ წესებისა და სამართლის
აღსრულებას:
დაიცავი და შეასრულე ისინი
მთელი შენი გულითა და მთელი შენი სულით.
უფლისა ირწმუნე დღეს, რომ შენი ღმერთია
იგი,
რომ ივლი მის გზაზე,
დაიცავ მის წესებს,
ანდერძებს და სამართალს,
გაიგონებ მის სიტყვას.
უფალმა გაღიარა დღეს თავის რჩეულ ერად,
როგორც უთქვამს შენთვის,
რომ იცავდე მის მცნებებს,
რომ აგამაღლოს თავის გაჩენილ ყველა ხალხზე
დიდებით,
სახელითა და პატივით,
რომ ჰყავდე წმიდა ერად
უფალს,
შენი მამა-პაპის ღმერთს

რომ ჰკითხონ ხალხს თუ რა არის ყველაზე დიდი სიყვარული, მრავალი მათგანი იტყვის მშობლების სიყვარულს, განსაკუთრებით დედის სიყვარულს თავისი ჩვილისადმი. მაგრამ, ესაია 49:15-ში წერია, "განა დაივიწყებს ქალი თავის ჩვილს? არ შეიბრალებს თავისი მუცლის ნაშიერს? მათ რომც დაივიწყონ, მე არ დაგივიწყებ შენ." ღმერთი ურიცხვი სიყვარული შეუდარებელია დედის თავისი ჩვილისადმი სიყვარულთან.

სიყვარულის ღმერთს ყოველი ადამიანისთვის არა მარტო ხსნის მიღება სურს, არამედ სურს, რომ მათ ისიამოვნონ საუკუნო ცხოვრებით, კურთხევებით დიდებული ზეცის სიამოვნებით. ზუსტად ამიტომ, იგი უზრუნველყოფს თავის შვილებს გამოცდებიდან და გულის ტკივილისგან და სურს, რომ რასაც სთხოვენ, ყველაფერი მისცეს. ღმერთი ასევე უძღვება თითოეულ ჩვენთაგანს კურთხეული ცხოვრებისთვის არა მარტო დედამიწაზე, არამედ საუკუნო ცხოვრებაშიც.

ახლა, ძალითა და წინასწარმეტყველებებით, რომელმაც ღმერთმა მოგვცა თავისი სიყვარულით, ჩვენ განვიხილავთ ღმერთის განგებას მანმინის ცენტრალური ეკლესიისთვის.

ღმერთის სიყვარულს სურს ყოველი სულის გადარჩენა

2 პეტრე 3:3-4-ში ვკითხულობთ შემდეგს:

"უპირველეს ყოვლისა, იცოდეთ, რომ უკანასკნელ დღეებში მოვლენ მგმობელნი, თავიანთი გულისთქმისამებრ მოარულნი, და იტყვიან: სად არის აღთქმა მისი მოსვლისა? ვინაიდან მას შემდეგ, რაც მამებმა მიიძინეს, ყველაფერი უცვლელად რჩება შექმნის დასაბამიდან."

არესბობს უამრავი ადამიანი, რომლებიც, როდესაც ჩვენ ვეტყვით დროის დასასრულის შესახებ, არ დაგვიჯერებენ. როგორც მზე ყოველთვის ამოდის და ჩადის, როგორც ადამიანები ყოველთვის იბადებოდნენ და კვდებოდნენ და როგორც ცივილიზაცია გაუმჯობესდა, ასეთი ადამიანებიც ბუნებრივად ივარაუდებენ, რომ ყველაფერი გაგრძელდება და გაგრძელდება.

ზუსტად, როგორც ადამიანის ცხოვრებაში დასასწყისი და დასასრულია, თუ კი ადამიანთა მოდგმის ისტორიის დასაწყისი არსებობს, რასაკვირველია მისი დასასრულიც იქნება. როდესაც ღმერთის არჩეული დრო მოვა, სამყაროში ყველაფერი დასრულდება. ყველა ადამიანი მიიღებს განაჩენს. იმის და მიხედვით, თუ როგორ იცხოვრა ადამიანმა დედამიწაზე, იგი ან ზეცაში წავა ან

ჯოჯოხეთში.

ერთის მხრივ, ადამიანები, რომლებსაც სწამთ იესო ქრისტესი და ღმერთის სიტყვით ცხოვრობენ, ზეცაში წავლენ. მეორეს მხრივ, ადამიანები, რომლებსაც არ სწამთ ნათლობის შემდეგაც კი, და ადამიანები, რომლებიც არ ცხოვრობდნენ ღმერთის სიტყვის თანახმად, მიუხედავად მათი უფლის რწმენის აღიარებისა, ჯოჯოხეთში წავლენ. ზუსტად ამიტომ, ღმერთს სურს, რომ რაც შეიძლება სწრაფად გაავრცელოს სახარება მთელს მსოფლიოში, რათა კიდევ ერთმა სულმა მაინც მიიღოს რწმენა.

ღმერთის ძალა გავრცელებულია დროის დასასრულამდე

მიზეზი იმისა, თუ რატომ ჩამოაყალიბა ღმერთმა მანმინის ცენტრალური ეკლესია და რატომ გამოავლინა სასწაულებრივი ძალა, აქ არის მოყვანილი. მისი ძალის გამოვლენით, ღმერთს სურს, რომ მოგვაწოდოს ჭეშმარიტი ღმერთის არსებობის მტკიცებულება და შეატყობინოს ხალხს ზეცისა და ჯოჯოხეთის შესახებ. როგორც იესომ გვითხრა იოანე 4:48-ში, "თუკი არ იხილავთ სასწაულებსა და ნიშებს, არ ირწმუნებთ," განსაკუთრებით ისეთ დროს, როდესაც ცოდვა და ბოროტება იზრდება და ცოდნა უმჯობესდება, ძალის სამუშაო, რომელსაც შეუძლია ადამიანის

აზრის შეცვლა კიდევ უფრო საჭიროა. ზუსტად ამიტომ, დროის დასასრულისას, ღმერთი ამზადებს მანმინს და აკურთხებს მას კიდევ უფრო მზარდი ძალით.

გარდა ამისა, ადამიანთა მოდგმის გაშენება, რომელიც ღმერთმა ჩამოაყალიბა, დასასრულს უახლოვდება. სანამ ღმერთის არჩეული დრო მოვა, ძალა არის საჭირო ხელსაწყო, რათა გადარჩეს ყველა ის ადამიანი, რომლებსაც ხსნის მიღების შანსი აქვთ. მხოლოდ ძალით არის შესაძლებელი კიდევ უფრო მეტი ადამიანის ხსნისაკენ წამღოლა.

მუდმივი დევნისა და გულის ტკივილის გამო, ძალიან რთულია სახარების გავრცელება ზოგიერთ ქვეყანაში და კიდევ არსებობენ ისეთი ადამიანები, რომლებსაც გაგონილიც კი არ აქვთ სახარების შესახებ. გარდა ამისა, იმ ადამიანებს შორისაც კი, რომლების უფალში რწმენას ფლობენ, არიან ისეთებიც, რომელთა ჭეშმარიტი რწმენა ისეთი მაღალი არ არის როგორსაც ხალხი ფიქრობს. ლუკა 18:8-ში იესო გვეკითხება, "მაგრამ ძე კაცისა, როდესაც მოვა, ჰპოვებს კი რწმენას ამ ქვეყნად?" მრავალი ადამიანი დადის ეკლესიაში, მაგრამ დიდად არ განსხვავდებიან ამ სამყაროს ადამიანებისგან, რადგან ისინი აგრძელებენ ცოდვაში ცხოვრებას.

მაინც, ისეთ ქვეყნებსა და რეგიონებშიც კი, სადაც

მიმდინარეობს ქრისტიანების სასტიკი დევნა, როდესაც ხალხი გამოცდის ღმერთის ძალას, რწმენა, რომელსაც არ ეშინია სიკვდილის, ყვავდება და ამას სახარების ცეცხლოვანი გავრცელება მოჰყვება. ადამიანები, რომლებიც ცოდვაში ცხოვრობენ ჭეშმარიტი რწმენის გარეშე, იწყებენ ღმერთის სიტყვით ცხოვრებას, როდესაც გამოცდიან ცოცხალი ღმერთის ძალას.

მრავალ მისიაზე, მე ნამყოფი ვარ ისეთ ქვეყნებში, სადაც კანონიერად აკრძალულია ქრისტიანობის გავრცელება და სახარების ქადაგება. მე ვნახე ისეთ ქვეყნებში, როგორების არის პაკისტანი, არაბთა გაერთიანებული საამიროები და ინდოეთი, რომ როდესაც იესო ქრისტეს ამტკიცებენ და ხდება სასწაულები, რომლითაც ხალხს შეუძლია იწამონ ცოცხალი ღმერთი, უთვალავი ადამიანი რჯულს იცვლის და იღებს ხსნას. მაშინაც კი თუ კერპთთაყვანისმცემლობას ეწეოდნენ, როდესაც ღმერთის ძალას გამოცდიან, ისინი იღებენ იესო ქრისტეს კანონიერი განშტოებების შიშის გარეშე. ეს ამტკიცებს ღმერთის ძალის აშკარა მნიშვნელობას.

როგორც ფერმერი მკის მოსავალს, ღმერთი ავლენს ასეთ სასწაულებრივ ძალას, რათა მან მომკას ყოველი ის სული, რომლებიც ბოლო დღეებში ხსნას მიიღებენ.

ბიბლიაში ჩაწერილი დროის დასასრულის ნიშნები

ბიბლიაში ჩაწერილი ღმერთის სიტყვითაც კი, ჩვენ შეგვიძლიათ ვთქვათ, რომ დრო, რომელშიც ჩვენ ვცხოვრობთ, ახლოა დროის დასასრულამდე. მიუხედავად იმისა, რომ ღმერთს ჩვენთვის არ უთქვას დროის დასასრულის ზუსტი დრო, მან მოგვცა მინიშნებები, რომლითაც შეგვიძლია ვთქვათ დროის დასასრული. როგორც ჩვენ შეგვიძლია ვიწინასწარმეტყველოთ წვიმა, როდესაც ღრუბლები ერთად იკრიბება, იმ გზით, რომლითაც ისტორია აგრძელებს თვით გამომჟღავნებას, ბიბლიაში ნიშნები საშუალებას გვაძლევს ვიწინასწარმეტყველოთ ბოლო დღეები.

მაგალითად, ლუკა 21-ში ვკითხულობთ, "როდესაც გაიგებთ ომებისა და აშლილობების ამბავს, ნუ შეძრწუნდებით, ვინაიდან ჯერ ეს უნდა მოხდეს, მაგრამ მაშინვე როდი დადგება აღსასრული" (სტროფი 9), და "და იქნება დიდი მიწისძვრანი, აქა-იქ - შიმშილობა და ჟამიანობა, საშინელებანი და დიადი სასწაულნი ზეცით" (სტროფი 11).

2 ტიმოთე 3:1-5-ში ვკითხულობთ შემდეგს:

"ეს კი იცოდე, რომ უკანასკნელ დღეებში მოიწევა

საზარელი ჟამი. რადგანაც კაცნი იქნებიან თვითმოყვარენი, ვერცხლის მოყვარენი, ქედმაღალნი, ამპარტავანნი, მგმობელნი, მშობლების ურჩნი, უმადურნი, უღირსნი, კაცთმოძულენი, გულღრძონი, მაბეზღარნი, აღვირახსნილნი, გულმხეცნი, სიკეთის მოძულენი, გამცემნი, თავხედნი, მზვაობარნი, უფრო განცხრომის მოყვარენი, ვიდრე ღმრთისა, მოჩვენებითად ღვთისმსახურნი, სინამდვილეში კი მისი ძალის უარმყოფელნი; ამნაირთაგან შორს დაიჭირე თავი."

არსებობს მრავალი უბედურება და ნიშნები მთელი მსოფლიოს გარშემო და ადამიანების გული და ფიქრები დღეს კიდევ უფრო ბოროტდება. ყოველ კვირას, მე ვიღებ გაზეთიდან ამონაჭრელ ახალ ამბებს უბედურებების შესახებ, და თითოეული ამონაჭრელის სიდიდე მუდმივად იზრდება. ეს იმას ნიშნავს, რომ არსებობს მრავალი უბედურება და ბოროტება, რომელიც დედამიწაზე ხდება.

მაგრამ, ხალხზე ეს უბედურებები ისე აღარ მოქმედებს, როგორც ეს ადრე იყო. რადგან მათ სისტემატიურად ზედმეტად ბევრი უბედურების ამბავი ესმით, ხალხს მათდამი იმუნიტეტი გაუჩნდა. მათი უმეტესობა სერიოზულად აღარ მიიჩნევს სასტიკ დანაშაულებს, დიდ ომებს, ბუნებრივ უბედურებებს და ასე შემდეგ. ასეთი ამბები მასმედიაში სათაურებს ავსებდა. თუმცა, თუ ისინი მეტად არ განიცდიან ან უბედურება მათ ნაცნობს არ

მოუვა, ხალხისთვის ასეთი შემთხვევები არ არის მეტად მნიშვნელოვანი და მალე ავიწყდებათ.

იმ გზით, რომლითაც ისტორია თვითონ ამჟღავნებს თავის თავს, ადამიანები, რომლებიც გამოღვიძებულები არიან და კავშირი აქვთ ღმერთთან, ახლოდან დაინახავენ უფლის მოსვლას.

წინასწარმეტყველებები დროის დასასრულის შესახებ და ღმერთის განგება მანმინის ცენტრალური ეკლესიისთვის

მანმინისთვის გამომჟღავნებული ღმერთის წინასწარმეტყველებებით, ჩვენ შეგვიძლია ვთქვათ, რომ მართლაც დროის დასასრულია. მანმინის ჩამოყალიბებიდან დღემდე, ღმერთმა წინასწარ გვითხრა საპრეზიდენტო და საპარლამენტო არჩევნების შედეგები, კორეაში და საზღვარგარეთ მნიშვნელოვანი და გამოჩენილი ადამიანების სიკვდილი და სხვა მრავალი მოვლენა, რომელმაც განსაზღვრა სამყაროს ისტორია.

არაერთხელ მე გამოვააშკარავე ასეთი ინფორმაცია აკრონიმებით ყოველკვირეულ ეკლესიის ბიულეტინებში. თუ კი მათი შინაარსი ძალიან სენსიტიური იყო, მე გამოვუმჟღავნე მხოლოდ რამდენიმე პიროვნებას. ბოლო წლების

განმავლობაში, მქადაგებლია კათედრიდან განცხადებები გავაკეთე ჩრდილოეთ კორეის და ამერიკის შეერთებული შტატების შესახებ და იმ მოვლენების შესახებ, რომლებიც მთელს მსოფლიოში მოხდება.

წინასწარმეტყველებების უმრავლესობა უკვე ასრულდა როგორც ნათქვამი იყო და წინასწარმეტყველებები, რომლებიც ჯერ კიდევ უნდა მოხდენს ან უკვე ხდება ან კიდევ მომავალში მოხდება. შესამჩნევი ფაქტი ის არის, რომ წინასწარმეტყველებების უმრავლესობა, რომლებიც ჯერ კიდევ უნდა მოხდეს, ეხება ბოლო დღეებს. მათ შორის არის ღმერთის განგება მანმინის ცენტრალური ეკლესიისთვის, ჩვენ განვიხილავთ მათგან რამდენიმე წინასწარმეტყველებას.

პირველი წინასწარმეტყველება ეხება ჩრდილოეთ და აღმოსავლურ კორეულ ურთიერთობას

დაარსებიდან მოყოლებული, ღმერთმა მანმინს ბევრი რამ გაუმჟღავნა ჩრდილოეთ კორეის შესახებ. ეს იმიტომ, რომ ჩვენ გვაქვს ჩრდილოეთ კორეაში ბოლო დღეებში ქრისტიანობის გავრცელების მისია. 1983 წელს, ღმერთმა წინასწარ გვითხრა ჩრდილოეთ და სამხრეთ კორეის ლიდერებს შორის სამიტის

შესახებ და მისი შედეგები. სამიტის შემდეგ მალევე ჩრდილოეთ კორეა მსოფლიოს დროებით საკუთარ კარებს გაუღებდა, მაგრამ მალევე დაკეტავდნენ. ღმერთმა გვითხრა, რომ როდესაც ჩრდილოეთ კორეა გაიღებოდა, სიწმინდის სახარება და ღმერთის ძალა შევიდოდა ქვეყანაში და ამას ქრისტიანობის გავრცელება მოჰყვებოდა. ღმერთმა გვითხრა დაგვემახსოვრებინა, რომ უფლის მოსვლა მოახლოვდებოდა, როდესაც ჩრდილოეთ და სამხრეთ კორეა გარკვეული წესით საკუთარ თავს გამოხატავდნენ. რადგან ღმერთმა მითხრა, რომ ეს საიდუმლოდ შემენახა, მე ამ ინფორმაციის გახმაურება ჯერ არ შემიძლია.

როგორც მრავალმა თქვენთაგანმა იცის, 2000 წელს ჩატარდა სამიდი კორეის ლიდერებს შორის. შენ ალბათ იგრძენი, რომ ჩრდილოეთ კორეა, საერთაშორისო ზეწოლის დათმობით, გახსნის თავის კარს.

მეორე წინასწარმეტყველება ეხება მსოფლიო მისიას.

ღმერთმა მანმინისთვის მოამზადა რამდენიმე საზღვარგარეთული ლაშქრობა, სადაც ასობით, ათასობით, ასი ათასობით და მილიონობით ადამიანი შეიკრიბა და გვაკურთხა, რომ სწრაფად გაგვევრცელებინა ქრისტიანობა მსოფლიოსთვის სასწაულებრივი ძალით. მათში შედის წმინდა

სახარების ლაშქრობა უგანდაში, რომელიც გავრცელდა მთელს მსოფლიოში CNN-ით; განკურნების ლაშქრობა პაკისტანში, რომელმაც შეანჯღრია მთელი ისლამური სამყარო და გააღო კარი მისიონერული სამუშაოსთვის შუა აღმოსავლეთში; წმინდა სახარების ლაშქრობა კენიაში, სადაც მრავალი ავადმყოფობა განიკურნა; გაერთიანებული განკურნების ლაშქრობა ფილიპინებში, სადაც ღმერთის ძალა გამოვლინდა; სასწაულებრივი განკურნების ლაშქრობა ჰონდურასში, რამაც მოიყვანა სული წმინდის ქარიშხალი; და სასწაულებრივი განკურნების ლოცვის ფესტივალი ინდოეთში, ყველაზე დიდი ინდუსური ქვეყანა მსოფლიოში, სადაც ოთხ მილიონამდე ადამიანი შეიკრიბა ოთხდღიან ლაშქრობაზე. ამ ყველა ლაშქრობამ ითამაშა შუამავალის როლი, რომლითაც მანმინი შევა ისრაელში, მის საბოლოო დანიშნულების ადგილას.

მისი გრანდიოზული გეგმით ადამიანთა მოდგმის გაშენებისთვის, ღმერთმა შექმნა ადამი და ევა და ცხოვრება დაიწყო დედამიწაზე და ადამიანთა მოდგმა გამრავლდა. მრავალ ერს შორის, ღმერთმა აირჩია ერთი ერი, ისრაელი, იაკობის შთამომავლები. ისრაელიტების ისტორიის მეშვეობით, ღმერთს სურდა თავისი დიდების და ადამიანთა მოდგმის გაშენების განგების გამომჟღავნება არა მარტო ისრაელისთვის, არამედ

მსოფლიოს ყველა ერისთვის. ამგვარად ისრაელის ხალხი მსახურობენ როგორც ადამიანთა მოდგმის გაშენების ნიმუში და ისრაელის ისტორია, რომელსაც თვით ღმერთი განაგებს, არა მარტო ერთი ერის ისტორიაა, არამედ მისი შეტყობინება მთელი მსოფლიოსათვის. გარდა ამისა, ადამიანთა მოდგმის გაშენების დასრულებამდე, რომელიც ადამით დაიწყო, ღმერთს სურს, რომ სახარება დაუბრუნდეს ისრაელს, საიდანაც ის დაიწყო. თუმცა, განსაკუთრებით რთულია ქრისტიანული შეკრების ხელმძღვანელობა და სახარების გავრცელება ისრაელში. ღმერთის ძალის გამოვლენა, რომელმაც ზეცა და დედამიწა შეარყია, საჭიროა ისრაელში და ღმერთის განგების ამ ნაწილის შესრულება გადაეცა მანმინს ბოლო დღეებში.

იესო ქრისტეს მეშვეობით, ღმერთმა შეასრულა ადამიანდა მოდგმის ხსნის განგება და მისცა ყველა ადამიანს საშუალება მიეღოთ იესო ქრისტე თავიანთ მხსნელად საუკუნო სიცოცხლის მისაღებად. თუმცა, ღმერთის რჩეულმა ერმა, ისრაელმა არ აღიარა იესო მესიად. გარდა ამისა, იმ მომენტამდეც კი სანამ მისი შვილები ჰაერში ავლენ, ისრაელის ხალხს არ ექნება გაგონილი ხსნის განგება იესო ქრისტეს საშუალებით.

ბოლო დღეებში, ღმერთს სურს, რომ ისრაელის ხალხმა მოინანიოს და მიიღოს იესო თავიანთ მხსნელათ, რათა ხსნას მიაღწიონ. ზუსტად ამიტომ,

ღმერთმა საშუალება მისცა წმინდა სახარებას შესულიყო და გავრცელებულიყო მთელს ისრაელში სულგრძელი მისიით, რომელიც მან მანმინს მისცა. ახლა, როდესაც გადამწყვეტი შუა აღმოსავლეთის მისიონერული სამუშაო დაწესდა 2003 წლის აპრილს, ღმერთის ნების თანახმად, მანმინი განახორციელებს კონკრეტულ მზადებებს ისრაელისთვის და შეასრულებს ღმერთის განგებას.

მესამე წინასწარმეტყველება ეხება გრანდიოზული ტაძრის მშენებლობას.

მანმინის დაარსებიდან მალევე, როდესაც მან ბოლო დღეებისთვის თავისი განგება გამოავლინა, ღმერთმა მოგვცა მისია აგვეშენებინა გრანდიოზული ტაძარი, რომელიც მთელს მსოფლიოს აჩვენებდა ღმერთის დიდებას.

ძველი აღთქმის დროში, ქმედებით შესაძლებელი იყო ხსნის მიღება. მაშინაც კი, თუ ადამიანის გულიდან ცოდვა არ იყო განდევნილი, თუ კი იგი ცოდვას გარედან არ ჩაიდენდა, იგი გადარჩებოდა. ძველი აღთქმის დროს ტაძარი იყო ტაძარი, სადაც ხალხი ადიდებდა ღმერთს მხოლოდ ქმედებით, როგორც რჯული ბრძანებდა.

თუმცა, ახალი აღთქმის დროს, იესო მოვიდა და რჯული სიყვარულით შეასრულა და ჩვენი იესო

ქრისტეში რწმენით, ჩვენ შეგვიძლია ხსნის მიღება. ტაძარი, რომელიც ღმერთს სურს, ახალი აღთქმის დროში აშენდება არა მარტო ქმედებით, არამედ გულითაც. ეს ტაძარი აშენდება ღმერთის ჭეშმარიტი შვილების მიერ, რომლებმაც განდევნეს ცოდვა, განწმინდეს საკუთარი გულები და სიყვარული ღმერთის მიმართ. ზუსტად ამიტომ, ღმერთმა დაუშვა ძველი აღთქმის დროის ტაძრების განადგურება და სურს ახალი ტაძრის აშენება, რომელიც ჭეშმარიტი სულიერი მნიშვნელობით აშენდება.

ამგვარად, ადამიანები, რომლებიც აშენებენ გრანდიოზულ ტაძარს, უნდა იყვნენ აღიარებულნი ღმერთის თვალში. ისინი უნდა იყვნენ ღმერთის შვილები, რომლებმაც წინ დაცვეთეს გულები, რომლებიც არიან წმინდები და რომლებსაც განწმენდილი გულები აქვთ რწმენით, იმედით და სიყვარულით სავსე. როდესაც ღმერთი დაინახავს მისი კურთხეული შვილების მიერ აშენებულ გრანდიოზულ ტაძარს, იგი არა მარტო შენობის გარეგნობით იქნება ნასიამოვნები. ნაცვლად, გრანდიოზული ტაძრით, იგი გაიხსენებს იმ პროცესს, რომლითაც ტაძარი აშენდა და გაიხსენებს თავის თითოეულ ჭეშმარიტ შვილს, რომლებიც მისი ცრემლების, მსხვერპლის და მოთმინების ნაყოფები არიან.

"დაე გრანდიოზული ტაძარი აშენდეს..."

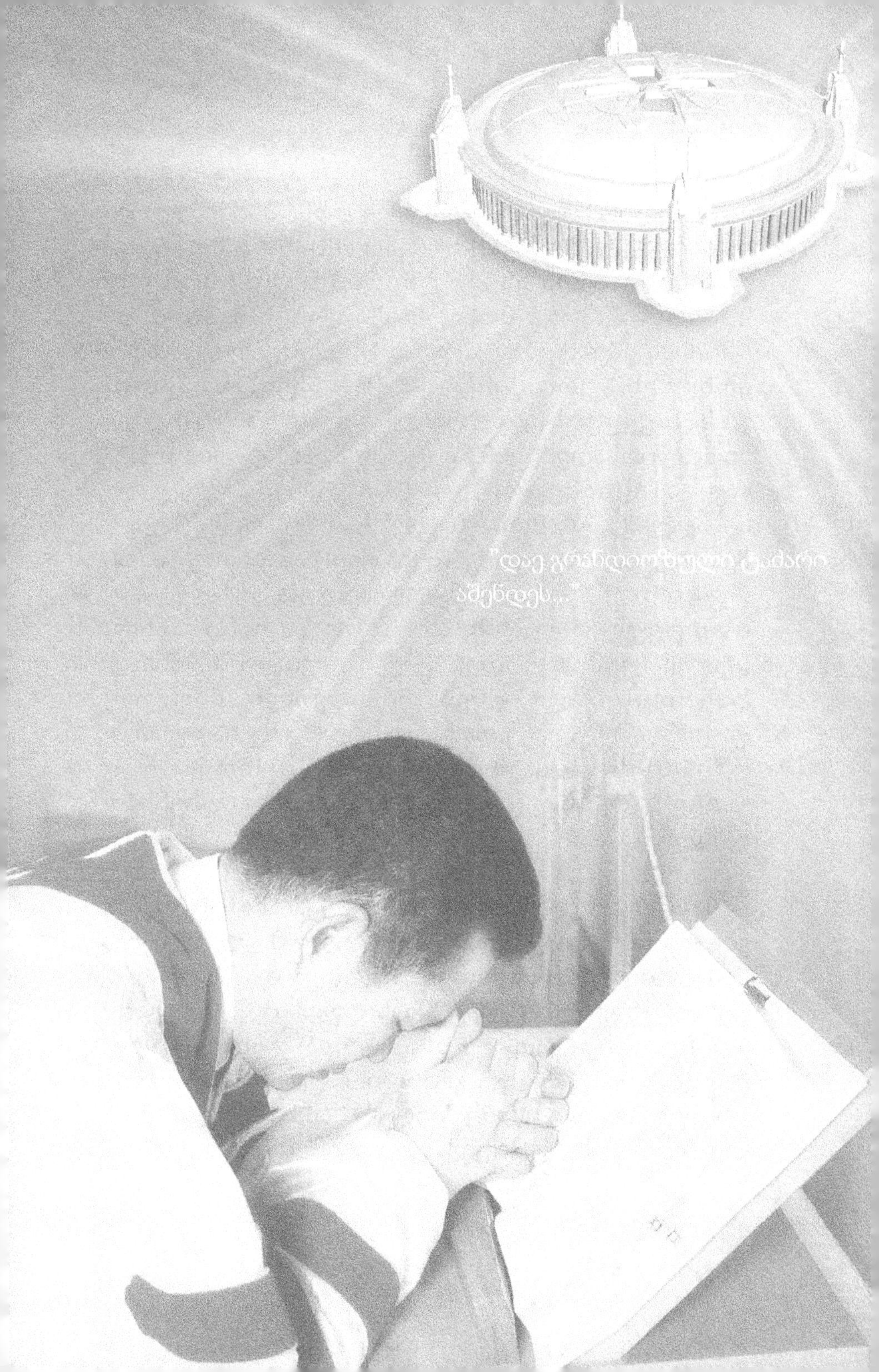

გრანდიოზულ ტაძარს აქვს ღრმა მნიშვნელობა. იგი იქნება მონუმენტი ადამიანთა მოდგმის გაშენებისა და ასევე ღმერთისთვის ნუგეშის სიმბოლო კარგი მოსავლის აღების შემდეგ. ეს იმიტომ აშენდება ბოლო დღეებში, რომ ეს არის მონუმენტური შენობის პროექტი, რომელიც გამოავლენს ღმერთის დიდება მთელი მსოფლიოსათვის. 600 მეტრის (დაახლოებით 1970 ფუტი) დიამეტრი და 70 მეტრი (230 ფუტი) სიმაღლეში, გრანდიოზული ტაძარი არის მასიური შენობა, რომელიც აშენდება ყველანაირი ლამაზი, იშვიათი და ძვირფასი მასალებით და სტრუქტურის თითოეულ ნაწილში და დეკორაციაში, ახალი იერუსალიმის დიდება, ექვს დღიანი შექმნა და ღმერთის ძალა იქნება ჩაქსოვილი. მხოლოდ ტაძარზე შეხედვა ეყოფა, რომ ადამიანებმა იგრძნონ ღმერთის დიდებულება. ურწმუნოებიც კი განცვიფრებული იქნებიან და აღიარებენ მის დიდებას.

საბოლოოდ, გრანდიოზული ტაძარი ამზადებს კიდობანს, სადაც უთვალავი სული მიიღებს ხსნას. ბოლო დღეებში, როდესაც ცოდვა და ბოროტება გაბატონდება, როგორც ნოეს დროს იყო, როდესაც ადამიანები, რომლებსაც ღმერთის შვილები წარუძღვნენ, მივლენ გრანდიოზულ ტაძართან და ირწმუნებენ მას, ისინი მიიღებენ ხსნას. გარდა ამისა, ხალხი გაიგებს ღმერთის დიდების და ძალის ამბებს

და მოვლენ და საკუთარი თვალით დაინახავენ. როდესაც ისინი მოვლენ, ღმერთის უთვალავი მტკიცებულება იქნება წარმოდგენილი. ისინი ასევე ისწავლიან სულიერი სამყაროს საიდუმლოებების შესახებ და გაიგებენ ღმერთის ნებას, რომელსაც სურს ჭეშმარიტი შვილების მოპოვება.

გრანდიოზული ტაძარი იმსახურებს, როგორც უფლის მეორედ მოსვლამდე სახარების მსოფლიო მასშტაბით გავრცელების საბოლოო ფაზის ცენტრი. გარდა ამისა, ღმერთმა უთხრა მანმინს, რომ როდესაც გრანდიოზული ტაძრის მშენებლობის დაწყების დრო მოვა, იგი წარუძღვება მეფეებს და მდიდარ ადამიანებს მშენებლობის დახმარებაში.

მისი დაარსებიდან, ღმერთმა მანმინის ცენტრალურ ეკლესიას გაუმჟღავნა წინასწარმეტყველებები ბოლო დღეების და მისი განგების შესახებ. დღესაც კი, იგი აგრძელებს კიდევ უფრო მზარდი ძალის გამომჟღავნებას და ასრულებს თავის სიტყვას. ეკლესიის ისტორიის განმავლობაში, ღმერთი თვითონ წარუძღვა მანმინს, რათა თავისი განგება შეესრულებინა. გარდა ამისა, უფლის დაბრუნებამდე, იგი წაგვიძღვება ყველა მისგან მოცემული მისიის შესრულებისაკენ და მთელს მსოფლიოში გამოამჟღავნებს უფლის დიდებას.

იოანე 14:11-ში იესო გვეუბნება, "მერწმუნეთ, რომ მე მამაში ვარ, მამა კი - ჩემში; თუ არა და, ჩემს საქმეს

მაინც ერწმუნეთ. " და რჯული 18:22-ში ვკითხულობთ, "წინასწარმეტყველი თუ უფლის სახელით ილაპარაკებს და არ აცხადდება მისი ნალაპარაკევი, არ ყოფილა ეს უფლის სიტყვა - თვითნებურად ულაპარაკნია წინასწარმეტყველს, ნუ გეშინია მისი." მე იმედი მაქვს, რომ შენ გაიგებ ღმერთის განგებას იმ ძალით და წინასწარმეტყველებებით, რომლებიც ნაჩვენებია და გამომჟღავნებული მანმინის ცენტრალურ ეკლესიაში.

მისი განგების შესრულებით მანმინის ცენტრალური ეკლესიის მეშვეობით, ღმერთმა ეკლესიას ძალა ერთ ღამეში არ მიუცია. იგი ჩვენ ოც წელზე მეტი გვამზადებდა. იგი არაერთხელ დაგვეხმარა გამოცდებისას და იმ ადამიანებით, რომლებმაც წარმატებით გაიარეს ეს გამოცდები თავიანთი მტკიცე რწმენით, მოამზადა ჭურჭელი, რომელიც შეასრულებს მსოფლიო მისიას.

ეს ასევე ეხება ყოველივე თქვენთაგანს. რწმენა, რომლითაც ადამიანი შეძლებს ახალ იერუსალიმში შესვლა, ერთ ღამეში არ იზრდება; შენ ყოველთვის გამოფხიზლებული და მომზადებული უნდა იყო ჩვენი უფლის დაბრუნების დღისთვის. პირველ რიგში, გაანადგურე ყოველი ცოდვის კედელი და უცვლელი და მგზნებარე რწმენით, გაიქეცი ზეცისაკენ. როდესაც წინ წახვალ ასეთი უცვლელი

გადაწყვეტილებით, ღმერთი აკურთხებს შენს სულს და შენი გულის სურვილს უპასუხებს. გარდა ამისა, ღმერთი მოგცემს სულიერ უნარს და ძალაუფლებას, რომლითაც შენ გამოყენებულ იქნები, როგორც მისი ძვირფასი ჭურჭელი მისი ბოლო დღეების განგებისათვის.

დაე თითოეული თქვენთაგანი ჩაეჭიდოს საკუთარ მგზნებარე რწმენას სანამ უფალი დაბრუნდება და კიდევ ერთხელ შეხვდეთ საუკუნო ზეცაში და ახალი იერუსალიმის ქალაქში, მე ვლოცულობ ჩვენი უფალი იესო ქრისტეს სახელით!

ავტორი
დოქტორი ჯაეროკ ლი

დოქტორი ჯაეროკ ლი დაიბადა 1943 წელს მუანში, ჯეონამის პროვინცია, კორეის რესპუბლიკა. მის ოციან წლებში დოქტორი ლი იტანჯებოდა სხვადასხვა განუკურნებელი დაავადებებით შვიდი წლის განმავლობაში და ელოდებოდა სიკვდილს გამოჯანმრთელების იმედის გარეშე. ერთ დღს 1974 წლის გაზაფხულს როგორღაც მისმა დამ წაიყვანა ეკლესიაში და როდესაც იგი სალოცავად დაიჩოქა ცოცხალმა ღმერთმა მაშინვე განკურნა ყველა დაავადებისაგან.

ამის შემდეგ დოქტორი ლი შეხვდა ცოცხალ ღმერთს გასაოცარი გამოცდილებიდან, მას უფალი მთელი გულით უყვარს და 1978 წელს ღმერთმა მას თავისი მსახური უწოდა. იგი გულმოდგინებით ლოცულობდა, რათა გარკვევით გაეგო უფლის ნება, მთლიანად შეესრულებინა იგი და დამორჩილებოდა უფლის ყოველ სიტყვას. 1982 წელს მან დააარსა მანმინის ცენტრალური ეკლესია სეულში, კორეაში და უფლის ურიცხვი სასწაულები, ზებუნებრივი განკურნებების ჩათვლით, ხდება მის ეკლესიაში.

1986 წელს დოქტორი ლი იკურთხა პასტორად კორეაში იესოს სუნგკიულის ეკლესიაში ყოველწლიურ ასამბლეაზე და ოთხი წლის შემდეგ, 1990 წელს მისი მისი ქადაგებების გაშვება დაიწყო ავსტრალიაში, რუსეთში, ფილიპინებში და და სხვა შორეული აღმოსავლეთის სამაუწყებლო კომპანიების, აზიის სამაუწყებლო სადგურის და ვაშინგტონის ქრისტიანული რადიო სისტემის ეთერში.

სამი წლის შემდეგ, 1933 წელს მანმინის ცენტრალური ეკლესია არჩეულ იქნა ერთ-ერთ "მსოფლიოს საუკეთესო 50 ეკლესიაში" ქრისტიანული მსოფლიო ჟურნალის (ამერიკის შეერთებული შტატები) მიერ და მიიღო საპატიო ღვთისმეტყველების დოქტორის ხარისხი ქრისტიანული რწმენის კოლეჯისაგან, ფლორიდა, ამერიკის შეერთებული შტატები და 1996 წელს კი Ph. D. სამღვდელოებაში კინგსვეის თეოლოგიური სემინარიიდან, აიოვა, ამერიკის შეერთებული შტატები.

1993 წლის შემდეგ დოქტორმა ლიმ დაიწყო მსოფლიოს მისიის ხელმძღვანელობა ბევრი საზღვარგარეთული მისიებით ტანზანიაში, არგენტინაში, ლოს ანჯელესში, ბალტიმორის ქალაქში, ჰავაიზე, ნიუ–იორკში, უგანდაში, იაპონიაში, პაკისტანში, კენიაში, ფილიპინებში, ჰონდურასში, ინდოეთში, რუსეთში, გერმანიაში, პერუში, კონგოში და

ისრაელში. 2002 წელს მთავარმა ქრისტიანულმა გაზეთმა კორეაში მას უწოდა "მსოფლიოს პასტორი" სხვადასხვა საზღვარგარეთულ დიდ გაერთიანებულ ლაშქრობებში მისი სამუშაოსთვის.

2010 წლის სექტემბრისათვის მანმინის ცენტრალურ ეკლესიას ყავს 100 000-ზე მეტი მრევლი. არსებობს 9000 შიდა და საზღვარგარეთული ფილიალი ეკლესიები მსოფლიოს გარშემო და ჯერჯერობით 132-ზე მეტ მისიონერს აქვს დავალებული 23 ქვეყანა ამერიკის შეერთებული შტატების, რუსეთის, გერმანიის, კანადის, იაპონიის, ჩინეთის, საფრანგეთის, ინდოეთის და კენიის ჩათვლით.

ამ გამოქვეყნების დღიდან დოქტორი ჯაეროკ ლის დაწერილი აქვს 60 წიგნი ბესტსელერების ჩათვლით: საუკუნო სიცოცხლის დაგემოვნება სიკვდილამდე, ჩემი ცხოვრება ჩემი რწმენა I და II, ჯვრის მოწოდება, რწმენის ზომა, ზეცა I და II, ჯოჯოხეთი და უფლის ძალა. მისი ნამუშევრები თარგმნილია 44 ენაზე.

მისი ქრისტიანული სვეტები ჩნდება ჰანკოკ ლიბოში, ჯონგანგის ყოველდღიურ გაზეტში, დონგ–ა ლიბოში, მუნვა ლიბოში, სეულის შინმუნში, კიუნგიანგ შინმუნში, ჰანკიორე შინმინში, კორეის ეკონომიკურ ყოველდღიურ გაზეთში, კორეის ჰერალდში, შისას ახალ ამბებში და ქრისტიანულ პრესაში.

დოქტორი ლი ამჟამად უამრავი მისიონერული ორგანიზაციის და ასოციაციების ლიდერია, მათ შორის გაერთიანებული კორეის წმინდა ეკლესიის თავმჯდომარე, გაერთიანებული უწმინდესობის იესო ქრისტეს ეკლესია; მანმინის მსოფლიო მისიის პრეზიდენტი; მსოფლიოს ქრისტიანობის აღორძინების მისიის ასოციაციის მუდმივი პრეზიდენტი; მანმინის ტელევიზიის დამაარსებელი; გლობალური ქრისტიანული ქსელის (GCN) დამაარსებელი და თავმჯდომარე; მსოფლიოს ქრისტიანული ექიმების ქსელის (WCDN) დამაარსებელი და თავმჯდომარე; და მანმინის საერთაშორისო სემინარიის (MIS) დამაარსებელი და თავმჯდომარე.

სხვა ძლიერი წიგნები იგივე ავტორისგან

ზეცა I და II

მტკიცებულებების მემუარები დოქტორ ჯაეროკ ლისგან, რომელიც ხელახლა დაიბადა და სიკვდილის ჩრდილს გადაურჩა და უძღვება სრულყოფილ სამაგალითო ქრისტიანულ ცხოვრებას.

ჩემი ცხოვრება, ჩემი რწმენა I და II

ყველაზე არომატული სულიერი სურნელება გაიყოფა სიცოცხლისაგან, რომელიც უბადლო ღმერთის სიყვარულით არის აყვავებული, ბნელი ტალღების შუაგულში, ცივი უღელი და ყველაზე ღრმა სასოწარკვეთილება.

საუკუნო სიცოცხლის დაგემოვნება სიკვდილამდე

მტკიცებულებების მემუარები დოქტორ ჯაეროკ ლისგან, რომელიც ხელახლა დაიბადა და სიკვდილის ჩრდილს გადაურჩა და უძღვება სრულყოფილ სამაგალითო ქრისტიანულ ცხოვრებას.

რწმენის საზომი

რა ტიპის საცხოვრებელი ადგილი, გვირგვინი და კილდო არის მომზადებული შენთვის სამოთხეში? ეს წიგნი უზრუნველყოფს სიბრძნეს და წინამძღოლობას, რათა გაზომო შენი რწმენა და დახვეწო საუკეთესო და მოწიფული რწმენა.

ჯოჯოხეთი

სერიოზული მოწოდება უფლისგან კაცობრიობისათვის, რომლებსაც არ სურთ არცერთი სულის ჯოჯოხეთის ცეცხლში ჩაგდება! შენ აღმოაჩენ ადრე არასოდეს გამოვლენილ ქვედა ჰადესის და ჯოჯოხეთის რეალურ სისასტიკეს.

www.ingramcontent.com/pod-product-compliance
Lightning Source LLC
LaVergne TN
LVHW021813060526
838201LV00058B/3369
* 9 7 9 1 1 2 6 3 1 2 0 1 6 *